TRAITÉ PRATIQUE

DES DOUANES

PREMIER SUPPLÉMENT. — ANNÉE 1858.

TRAITÉ PRATIQUE

DES

DOUANES

PAR M. A. DELANDRE

Chef de bureau à l'Administration des Douanes, service général.

PREMIER SUPPLÉMENT.

ANNÉE 1858.

PARIS

LIBRAIRIE LE NORMANT, 10, RUE DE SEINE

1859

TRAITÉ PRATIQUE

DES

DOUANES

PAR M. A. DELANDRE

Chef de bureau à l'Administration des Douanes, service général.

PREMIER SUPPLÉMENT.

ANNÉE 1858.

Dispositions générales.

1—18. — *Tarif.* Derniér §. Le régime de faveur pour certains produits des pays limitrophes n'est applicable qu'à des produits naturels, présentés à l'état brut, et dont l'origine peut être reconnue. Il n'en est pas ainsi des déchets de laine provenant du défilage des étoffes. (*Déc. du 20 septembre 1858.*)

Le bénéfice du régime spécial aux produits du crû d'un pays limitrophe n'est d'ailleurs acquis qu'à l'égard des produits importés, avec les justifications nécessaires, par les points où ce pays touche immédiatement et directement à la frontière française. Il n'existe d'exception, quant à cette restriction, que pour les laines du Zollverein arrivées par convois de chemin de fer sous les conditions du transport international. (*Déc. min. du 13 septembre 1856; Circ.* n° 115, *et Déc. du 8 octobre 1858.*)

A défaut des justifications prescrites, le service peut, en cas de doutes sérieux, constater, par procès-verbal ou par acte conservatoire, une fausse déclaration à l'égard des produits présentés comme étant du crû des pays limitrophes. *V.* n° 228 T. (*Déc. du 11 février* 1858.)

Mais, en ce qui concerne les laines à dos de mouton, *V.* n° 191 T, déclarées provenir des pays limitrophes, on n'exige de certificat d'origine, pour l'application de la taxe réduite, qu'autant qu'il s'élève des doutes sérieux. (*Déc. du 15 juillet* 1858.)

2—24. Lorsque les importations par navires français peuvent s'effectuer en franchise absolue, le droit qui reste applicable aux importations sous pavillon étranger ne conserve que le caractère d'une taxe spéciale ; on ne peut plus le considérer comme composé du droit afférent au pavillon français et d'une certaine partie calculée d'après les prescriptions de l'art. 7 de la loi du 28 avril 1816. (*Déc du 11 mai* 1858.) *V.* n° 116 S.

3—27. P. 51, 2e §, 3e ligne. *Au lieu de* 1859, *mettre* 1860. (*Loi de finances du 4 juin* 1858, *art.* 6 ; *Circ. du* 30, n° 543, *et Circ. lith. du* 25 *novembre* 1858 *relative au contentieux.*)

4—28. Quels que soient les règlements de police locale, les opérations de lestage ou de délestage des navires ne sont pas considérées comme devant entraîner le payement des droits d'entrée ou de sortie, lorsqu'elles concernent des matériaux d'une minime valeur, tels que sables, galets ; mais le service doit veiller avec soin à ce que cette tolérance ne s'étende pas à des opérations de commerce. (*Déc. du 6 septembre* 1858.)

Rayer au n° 36 : Formules série M, n°ˢ 11, 28, 28 *bis*, 45, 46 et 53 *bis.*

P. 68, 3e §, 4e ligne. *Au mot* employés *substituer celui de* emplois.

5—45. *Plombage.* P. 73, 2e §. Le receveur principal tient compte, sur un carnet, des flans qu'il a reçus et de ceux distribués. Il acquitte les frais de transport et en inscrit immédiatement le montant aux avances à régulariser, où figure aussi le prix des flans dès que lui parvient le bordereau de virement délivré à Paris.

Dans les premiers jours de chaque mois, ce receveur reprend, aux revenus publics, le prix des plombs apposés pendant le mois précédent, et il met en répartition le surplus de la somme perçue. (*Lettre de la Compt. gén. du 3 septembre* 1858.)

6—46. *Garanties respectives.* P. 83. Les compagnies de chemins de fer sont civilement responsables des condamnations prononcées contre leurs préposés et agents pour faits de fraude par eux tentés ou consommés dans le cours de leur service. (*Jug. du trib. correct. d'Altkirch, du 4 mai 1858, confirmé par A. de la C. de Colmar du 29 juin suivant; Doc. lith. n° 213.*)

7—49. *Quittances.* Lorsqu'une déclaration comprend des marchandises soumises aux droits et des marchandises affranchies de toute taxe, le service peut inscrire celles-ci, accessoirement, sur l'acquit de payement relatif aux premières. (*Déc. du 14 juin 1858.*)

A l'égard d'une taxe accessoire, estampillage, etc., sans perception de droits d'entrée ou de sortie, si le déclarant réclame une quittance, on la détache du registre série M, n° 44 bis. (*Déc. du 6 mai 1858.*)

Dans le cas où, au sujet de marchandises exemptes de droits de sortie, il peut être ultérieurement utile aux intéressés de produire un titre justificatif d'exportation, *V.* n° 1939 T, le service délivre un passavant dont le numéro, s'il s'agit de boissons, est relaté sur l'acquit-à-caution de la Régie. (*Même Déc.*)

P. 92, 4e §, *ajouter : Doc. lith. de 1858, n° 206.*

8—55. *Remboursements.* Quand une fausse perception est reconnue le jour même de la liquidation, avant que le total des recouvrements ait été porté au livre-journal, *V.* n° 280 T, la somme indûment exigée, déduite de l'inscription au registre de recette, est immédiatement restituée, sans autorisation spéciale, sauf à annexer à la souche de ce registre l'acquit de payement revêtu de la quittance du déclarant. (*Déc. du 21 mai 1858.*)

9—61. *Personnel.* 1er §, *avant-dernière ligne. Au lieu de 1,200 fr. mettre 1,500 francs.*

P. 127. *Aux lignes 7, 8 et 9 du 3e § du n° 67, substituer celles-ci :* vérifie et contrôle (sauf les écritures de comptabilité, livre-journal, etc., et la situation de la caisse) toutes les branches de service, les registres élémentaires de recette qu'il vise, etc. A défaut de l'inspecteur divisionnaire, le sous-inspecteur vérifie et vise les bordereaux et pièces de dépenses, les dépouillements de la statistique, etc.

10—67. 5e §. Un service de la nature de celui qui est exercé, même la nuit, en ce qui concerne les voyageurs, *V.* n° 1922 T, sur les points de passage où aboutissent des chemins de fer, relève d'une situation exceptionnelle. Là les relations internationales que créent, dans des proportions inusitées de rapidité, ces voies nouvelles de communication, rendent indispensables des facilités exceptionnelles aussi. Sauf les rares circonstances où il peut y avoir intérêt à opposer à la fraude, dans toute leur plénitude, les moyens coërcitifs résultant de la loi, on ne peut méconnaître que la condition imposée à des voyageurs d'attendre, pour remplir certaines formalités, que le bureau du receveur fût ouvert, *V.* n° 155 T, constituât une gêne et une entrave que l'administration ne pourrait tolérer.

Pour concilier tous les intérêts, il faudrait donc que le receveur principal ou subordonné fût, aussi bien que le chef de la visite, les vérificateurs et les agents de brigades, astreint à se rendre dans le local affecté à la vérification des bagages de voyageurs, afin d'apprécier, séance tenante, si le contrevenant peut être admis à transaction. *V.* n°s 1926 et 2272 T. Or on ne saurait sérieusement penser à assujettir un receveur principal à une pareille obligation pendant la nuit, alors surtout que le bureau établi à la gare du chemin de fer, ou sur les quais de stationnement des paquebots, est éloigné du bureau central. D'un autre côté, il est à remarquer que, du moment où le receveur n'interviendrait pas personnellement pour donner aux faits constatés les suites contentieuses nécessaires, l'agent qui le représenterait, étant placé dans une position hiérarchique inférieure à celle des sous-inspecteurs, ne pourrait que subir entièrement l'influence de leur autorité, à moins de dissentiments et de conflits qu'il importe de prévenir. Enfin l'organisation générale du service ne saurait rester impuissante à répondre à tous les besoins.

La solution pratique de la difficulté doit dès lors se trouver, d'une part, dans l'action, au bureau des bagages, du délégué du receveur principal, chargé d'opérer pour celui-ci les perceptions dites de minuties, et qui le suppléerait pour la constatation et la suite des contraventions ; d'une autre part, dans la latitude accordée au chef de la visite, au sujet d'infractions sans importance ni intention marquée de fraude, reconnues dans la nuit ou en dehors des heures légales de travail, de juger immédiatement, sous le contrôle de l'inspecteur divisionnaire, comme il est déjà autorisé à décider s'il sera rédigé un procès-verbal de saisie en fait de minuties, *V.* n° 2198 T, dans quelle mesure la répression doit être exercée, si le contrevenant peut être admis à transiger et à quelles conditions. *V.* n°s 2272 et 2278 T. Le délégué du receveur principal reste chargé d'assurer l'exécution de cette décision.

Mais il est entendu que cette attribution exceptionnelle faite au chef de la visite ne s'étendrait jamais aux circonstances où, ne devant pas user d'indulgence, le service aurait rédigé un procès-verbal régulier de saisie en vue de sauvegarder les intérêts du Trésor et de l'industrie nationale ;

les contrevenants ne pourraient alors que s'en prendre à eux-mêmes des conséquences des infractions qu'ils auraient commises. La même réserve existe à l'égard des objets inscrits au registre des minutes. *V.* n° 158 S.

Appliquées avec discernement et dans un bon esprit, ces dispositions ne sauraient faire naître ni froissement ni embarras. (*Déc. du 15 novembre 1858.*)

11—69. 4e §. Dans le cas ou des objets saisis ou retenus doivent être restitués, soit purement et simplement, soit sous certaines conditions, *V.* n°s 2498 et 2272 T, c'est par les soins du receveur, principal ou subordonné, que la remise est effectuée. (*Déc. du 15 novembre 1858.*) *V.* n°s 10 et 158 S.

Lorsque l'arrivée des trains du chemin de fer qui correspondent avec les paquebots à destination de l'etranger ne laisse pas la latitude de remplir au bureau principal les formalités nécessaires pour le remboursement du montant des reconnaissances de consignation, *V.* n°s 1767, 1935 et 2093 T, il convient, afin d'éviter les conditions onéreuses des intermédiaires, que cette restitution soit effectuée au bureau établi à la gare, lorsqu'un service spécial y est organisé. A cet effet, le délégué du receveur, compris ou non dans le roulement journalier ou de la semaine, dispose d'une certaine somme provisoirement portée aux avances à régulariser, et l'embarquement des objets auxquels s'applique le remboursement opéré à l'issue de la visite est assuré au moyen de l'escorte et d'une surveillance spéciale. (*Déc. du 16 décembre 1858.*)

12—. P. 135, 8e §. *A 1000 substituer 1200 fr.*

P. 136, 3e §. *Au lieu de 2400, mettre 2600; de 2000 et 2200, mettre 2100 et 2400; de 1600, 1500; de 1000, 1200; de 1200 à 1600, 1500* (sauf les dispositions provisoires).

13—71. P. 137. Sous des inspirations fermes et éclairées, se conciliant avec une bienveillance impartiale, la convenance des formes et des récompenses dispensées avec justice, la surveillance que tout chef du service sédentaire doit exercer sur la conduite privée et administrative de ses subordonnés contribue au maintien d'une discipline et d'une émulation salutaires. *V.* n°s 57 et 93 T. Sans compter que le recours direct au chef supérieur peut, au besoin, faire réformer ce que l'exercice de l'autorité laisserait à désirer à certains degrés de la hiérarchie.

Des causes autres qu'une absence sans autorisation ne sauraient motiver une retenue sur les appointements d'un agent, *V.* n° 135 T; et on ne peut non plus, dans aucun cas, le priver de la somme à laquelle il a droit sur le produit du plombage, bien que la gratification annuelle, *V.* n° 124 T, puisse être réduite ou supprimée.

Mais si, pour un fait répréhensible, un blâme sévère est insuffisant alors qu'un changement désavantageux de résidence et une descente de classe ou de grade prendraient un caractère trop rigoureux, il reste la latitude d'infliger un changement d'attributions, provisoirement ou définitivement. Ainsi un vérificateur peut, par mesure disciplinaire, être pendant un certain laps de temps détaché dans les sections intérieures du bureau. (*Déc. du* 17 *juillet* 1858.)

14—74, 6° §, 2° ligne. *Aux chiffres indiqués substituer ceux-ci* : 1800, 1600, 1400 fr. (*Déc. du* 20 *octobre* 1858.)

Ajouter à ce § : de telle sorte que, dans chaque direction, outre les grands ports et les ambulances, où le concours des préposés est de nature à motiver la haute paye, il existe un certain nombre de brigades de campagne de 1re classe, afin d'y placer les agents qui ne peuvent plus rendre d'utiles services dans les ports ou dans les brigades ambulantes.

10° §. *Au lieu du traitement énoncé mettre* : 1000 ou 1200 fr.

15—75. P. 147, 1er §. La visite à laquelle est soumis tout aspirant à un emploi de brigades doit être faite avec beaucoup de soin, en présence du capitaine, par le médecin des douanes de la subdivision.

Une contre-visite, dont le coût resterait aussi à la charge du candidat, ne serait nécessaire que dans quelques cas douteux et si un dissentiment d'opinion, sur les qualités physiques du sujet, venait à se manifester entre ce médecin et les chefs de brigades.

Dans les circonstances ordinaires, la contre-visite au chef-lieu mettrait en quelque sorte en suspicion la capacité des médecins des arrondissements éloignés, et réduirait, d'une manière fâcheuse, l'initiative des chefs divisionnaires. (*Déc. du* 20 *juillet* 1858.)

16—82. P. 156, 1er §. Eu égard au but que l'on se propose d'atteindre, aux intérêts qu'il s'agit de garantir depuis la réduction de l'impôt du sel et aux habitudes comme à la situation de la fraude, la garde des marais salants au moyen de factionnaires exerçant un service permanent et ostensible pourrait, sur quelques points, paraître onéreuse. Il serait alors avantageux de demander cette surveillance aux combinaisons d'un service intermittent, secret, imprévu et varié, exécuté par des escouades en patrouille ou en embuscade. On trouve ainsi pour les besoins nouveaux des ressources qu'il importe de rechercher partout ou des modifications dans l'organisation générale sont réalisables. (*Déc. du 12 janvier 1859.*)

P. 165, 5e §. A raison et de leur composition, comprenant des agents éprouvés, et du traitement dont elles jouissent, les brigades ambulantes seules ont, d'ordinaire, à pourvoir aux détachements.

Les détachements trop prolongés, c'est-à-dire au delà de 60 à 70 heures, et à de trop grandes distances sont défendus : ils peuvent être facilement découverts par la fraude, échappent au contrôle des chefs et imposent aux agents des fatigues nuisibles à la bonne exécution du service. (*Déc. du 23 août 1858.*)

17—85. Les agents de brigades ne peuvent, sous aucun prétexte, être employés par leurs chefs à des travaux privés, même avec rémunération. Cette défense est absolue; autrement il ne serait pas possible de déterminer, pour les exceptions, des limites convenables, l'action des chefs immédiats ou intermédiaires deviendrait inefficace, et les préposés, fatigués par un travail exceptionnel, ne sauraient concourir à l'exécution du service dans la même proportion que leurs camarades. (*Déc. du 9 juin 1858.*)

Organisées militairement et se recrutant généralement dans les rangs de l'armée, les brigades peuvent, dans les grands ports, avoir un corps de musiciens; mais il faut alors que ceux-ci participent au service dans une proportion suffisante. S'ils sont moins occupés dans le jour, ils doivent concourir plus que les autres à la garde de nuit. (*Déc. du 9 décembre 1858.*)

Il est ouvert, dans chaque poste, pour le service de santé, un carnet destiné à recevoir : 1o l'indication de la tournée effectuée, chaque mois, dans les différents postes, en dehors des visites en cas de maladie, par le médecin des brigades; 2o ses observations et remarques au point de vue de l'hygiène générale des agents et de leurs familles; 3o son visa, daté et signé.

P. 174, 3e §. *Ajouter* : le montant des retenues pour l'armement et l'équipement figure, sans mouvement de valeurs, dans les écritures du receveur principal.

P. 200, 7o §. *Ajouter* : et Circ. du 30 novembre 1858, no 561.

18—102. 1er §, en note. Le bénéfice de moitié en sus du temps d'activité des employés de l'Algérie n'est accordé qu'à l'égard des agents n'ayant pas accompli, au 1er janvier 1854, 25 ans de services dans les brigades ou 30 ans dans les bureaux, et pour des services postérieurs à la même époque, c'est-à-dire régis par la loi du 9 juin 1853. Les services antérieurs dans l'Algérie restent sous les conditions déterminées par les anciens règlements, notamment par l'Ordonnance du 12 janvier 1825, sauf le maximum nouveau. *V.* n° 107 T. Cette dernière disposition s'étend aux employés des colonies autres que l'Algérie, le service de ces agents comptant déjà, en vertu de l'Ordonnance du 8 juin 1834, pour moitié en sus de sa durée effective. (*Déc. du 9 juillet* 1858.)

19—111. Dernier §. Il doit être délivré à l'agent un certificat de cessation de payement pour être produit au payeur, avec le brevet d'inscription de pension, afin que les arrérages soient comptés à dater du jour de la cessation effective du traitement d'activité. (*Déc. du 16 novembre* 1858.)

20—113. P. 222. *Après le 5e § mettre* : Les certificats de propriété sont exempts de l'enregistrement. (*Déc. min. du 30 mars* 1858; *Circ. de la Compt. du 29 juillet suivant*, n° 74). *V.* n° 53 S.

21—116. L'autorisation préalable pour exercer des poursuites contre un fonctionnaire public au sujet de faits relatifs à ses fonctions, et notamment contre un agent des douanes, est nécessaire aussi bien devant les tribunaux civils que devant les tribunaux de répression.

A un point de vue spécial, les préposés des douanes doivent être réputés dans l'exercice de leurs fonctions, non-seulement quand ils se livrent à la poursuite ou à l'arrestation d'un fraudeur ou à la suite de la fraude, mais encore lorsqu'ils se dirigent vers leurs postes d'observation, porteurs de leurs armes.

Alors qu'un agent du Gouvernement, dans l'exercice de ses fonctions, se serait écarté des règles de prudence qui lui sont prescrites, il n'en résulterait pas que les faits ou fautes qui lui seraient imputés à cet égard fussent étrangers à ces fonctions. Il appartient à l'autorité administrative d'apprécier si ces faits ont constitué l'abus ou le simple usage des fonctions. (*A. de C. du 16 juin* 1858; *Circ.* n° 548.)

L'autorisation préalable n'est pas nécessaire quand, pour un fait réputé de chasse sans permis, en temps prohibé, il n'est produit par l'employé aucun procès-verbal ou acte de douane, probant et contemporain, qui implique la relation du fait poursuivi avec les fonctions dudit agent. (*A. de C. du 16 avril* 1858; *Doc. lith.*, n° 242.)

22—117. P. 229, 8e §, en note. Le compte annuel de masse indique, à la fin de l'inventaire n° 43, le nombre de sabres existant dans la direction, savoir : 1° ceux distribués gratuitement par le département de la guerre (*Déc. du min. de la guerre du 21 août* 1833); 2° ceux provenant d'achats antérieurs.

Les sabres réformés de la première catégorie, mais livrés depuis l'établissement du compte-matière du département de la guerre en 1845, sont versés dans les magasins de l'État. Les autres peuvent seuls être vendus au profit du boni des masses. (*Circ. lith. du 14 août* 1858.)

P. 231, 3e §. *Rayer* : modèle de 1822.

Le ceinturon à bandes et bélières en argent et la dragonne à gland d'or sont autorisés pour les officiers. (*Déc. du 8 mars* 1856.)

25—121. P. 236. Il est d'usage que, soit gratuitement, soit moyennant un prix fixé par l'administration des forêts au profit de la caisse municipale, les agents du service actif des douanes soient admis au partage des bois de chauffage dans les coupes affouagères des forêts communales. Cet approvisionnement est, sur certains points, indispensable, et les autorités ne doivent pas perdre de vue que l'établissement d'un poste de douane est une mesure d'intérêt général. (*Lettre du min. des fin. du 2 décembre* 1858.)

24—. P. 238, 2e §. Une carte de libre parcours, dans la circonscription des divisions des agents, sur les chemins de fer ouverts au transit national, n'est demandée pour les capitaines ou les lieutenants qu'autant que l'intérêt de la surveillance l'exige impérieusement. Il n'en est pas ainsi de certaines obligations du grade, par exemple, pour recevoir à la recette principale le montant des appointements ou pour les conférences.

Des laissez-passer ne doivent être délivrés aux employés de brigade que dans le seul cas où leur action immédiate est indispensable sur un point éloigné.

Afin d'obtenir le bénéfice de la réduction de demi-place, que les compagnies concèdent à titre gracieux, les employés doivent, au bureau de distribution des billets, présenter un congé régulier ou un avis de nomination à un nouvel emploi. Pas plus que les chefs, l'administration n'intervient à ce sujet. (*Déc. des 26 août* 1855 *et 22 mars* 1858.)

25—122 *bis.* 2e §. Les frais de traitement des employés de douane admis dans les hôpitaux militaires sont fixés, par jour, à 2 fr. 50 c. pour les officiers ou agents traités comme tels, à 4 fr. 50 pour les sous-officiers et soldats. (*Déc. du min. de la guerre; Circ. lith. du 20 septembre* 1858.)

3e §. *A partir des mots :* sont versés (4e ligne), *rayer la fin de ce* §, *et mettre :* Le montant des retenues figure aux rôles d'appointements, dans une colonne spéciale, comme revenant au ministère de la guerre pour ...... jours de traitement à l'hôpital de ...... A l'expiration du trimestre, le receveur transmet à l'administration, par l'intermédiaire du directeur, un état, en double expédition, indiquant le montant des retenues ainsi faites à chaque agent. Les frais sont remboursés au département de la guerre, par les soins de l'administration, au moyen d'une opération de trésorerie entre les deux services, transfert d'un budget spécial à l'autre. (*Déc. des 1er juin 1829 et 27 février 1837; Circ. lith. du 20 septembre 1858.*)

26—125. 7e §. Les retenues effectuées d'après le consentement des agents peuvent être progressives, selon le montant des dettes et des traitements; mais l'administration n'a pas à statuer à ce sujet. L'intervention officieuse des chefs suffit, sauf aux créanciers à se pourvoir d'un jugement en cas de refus des débiteurs. (*Déc. du 31 mars 1858.*)

27—129. Les émoluments illicites sont interdits d'une manière absolue. Toute infraction est une exaction et peut, outre la révocation de l'agent, entraîner l'application, selon le cas, des dispositions rappelées soit au n° 48 T au sujet des actes de concussion, soit au n° 148 quant aux faits de corruption. C'est aux chefs à veiller à la ponctuelle exécution de cette défense. Il n'est fait d'exception, avec l'approbation spéciale de l'administration, qu'à l'égard des indemnités qui sont, pour les préposés, le prix de déplacements non compris dans les devoirs habituels du service et la compensation de frais effectués dans l'intérêt du commerce. (*Circ. des 18 novembre 1791, 30 janvier 1817, n° 247, et 17 mars 1830, n° 1204.*)

Pour les allocations régulièrement autorisées par l'administration, *V.* n° 96 T.

Sauf le cas où un service lointain les amène à pourvoir à leurs besoins, il est défendu aux agents du service actif, jusques et compris le grade de brigadier ou patron, d'entrer dans les cabarets, cafés, brasseries et autres lieux où se débitent des boissons. (*Circ. du 6 décembre 1804.*)

28—135. *Congés. P.* 258, 4e §, *ajouter : V.* n° 111 T, dernier §.

P. 259, 7e §, *ajouter :* Arrêtés min. des 25 avril 1854, art. 5, et 28 septembre 1858.

Rayer le 8e §, dont les dispositions ont été rapportées par arrêté min. du 28 septembre 1858.

P. 260. *Rayer le 7e §, qui n'est plus applicable depuis que les congés à titre de témoignage de satisfaction peuvent précéder ou suivre immédiatement les absences avec retenue.*

29—150. *Matériel.* P. 276, 5e §. Tout objet nouveau fourni en augmentation du nombre des objets de même nature est ajouté, sur l'inventaire, au numéro où ceux-ci figurent. (*Circ. man. du 4 avril* 1858.)

P. 294, 3e § et 6e §, *ajouter :* Circ. de la Compt. gén. du 29 juillet 1858, n° 74.

50—175. 6e §. Rien ne s'oppose à ce que plusieurs fournisseurs se réunissent pour ne présenter qu'un mémoire collectif de leurs diverses fournitures. Les acquits dont ils l'émargent ultérieurement, ne sauraient constituer autant d'actes distincts. Il n'existe alors qu'un seul mémoire acquitté par plusieurs parties prenantes, et passible d'un seul droit de timbre, suivant la dimension du papier. (*Circ. de la Compt. du 29 juillet* 1858, n° 74.)

51—178. Les liquidations de dépense ne pouvant être scindées, il y a lieu de porter provisoirement aux sommes non payées, à défaut d'émargement ou de quittance, le montant de la garantie à laquelle les entrepreneurs de travaux ont été assujettis pendant un laps de temps qui n'est pas encore expiré au moment du payement du prix fixé par le devis. (*Lettre de la Compt. du 22 août* 1858.)

52—195. *Déclaration.* En cas d'immunité des droits, les déclarations ne doivent pas moins être enregistrées. *V.* n° 180 T, 6e §.

A la sortie, les déclarations font alors l'objet d'une simple inscription sommaire sur un registre où elles prennent un numéro d'ordre.

Sur les frontières de terre, afin d'éviter l'inconvénient d'avoir un grand nombre de formules restées en blanc, il convient d'ouvrir, pour les déclarations relatives aux marchandises exemptes de droits de sortie, un registre série T, n° 4, modifié à cet effet à la main.

On ne saurait d'ailleurs recourir à l'usage des doubles déclarations qu'autant que le commerce lui-même y trouve un avantage réel. Or il n'en est pas ainsi pour la sortie des marchandises dont il s'agit. (*Déc. du 25 octobre* 1858.)

53—195. *Avant les mots* un permis, *mettre :* dans les ports (*V.* n° 1082, note 64).

P. 316, 2e §. *Après les mots* permis délivré, *mettre :* dans les ports.

54—209. *Visite.* Les colis peuvent être pesés un à un. Alors il peut se produire, à l'avantage du commerce, un trait ou tombée de balance par chaque colis. *V.* n° 211 T. Mais, afin d'accélérer les opérations, il est loisible aux intéressés de réunir, pour une pesée, deux sacs ou ballots de marchandises. *V.* n° 811 T. (*Déc. du 14 septembre* 1858.)

55—235. *Acquittement.* Dans les ports, quand le payement du droit de sortie est garanti soit par une consignation, soit par une sou-mission cautionnée, le montant n'en est liquidé et porté en recette qu'a-près l'embarquement régulièrement constaté. (*Déc. du 9 juillet 1858.*)

56—242. P. 347, 1er §. Une dérogation à la décision ministérielle du 2 mars 1831 (*V.* p. 345, 3e §) ne saurait être autorisée que dans des circonstances tout à fait exceptionnelles, et surtout lorsqu'il y a lieu de craindre de nouveaux retards de payement à l'échéance des traites. (*Déc. du 9 octobre 1858.*)

57—243. P. 350. Il appartient aux receveurs principaux, sous le contrôle de l'inspecteur et du directeur, et avec l'approbation de celui-ci, d'apprécier la solvabilité des principaux engagés et des cautions. L'ad-ministration ne saurait substituer sa reponsabilité à celle du directeur dans la fixation des crédits. (*Déc. du 13 janvier 1858.*)

L'examen de la solvabilité notoire des redevables doit se faire avec circonspection, sans porter des investigations indiscrètes jusque sur la constitution des familles. Ainsi on ne doit pas réclamer de certificats des bureaux des hypothèques, etc. (*Déc. du 8 mai 1858.*)

S'il est jugé admissible au crédit, le déclarant, qu'il soit propriétaire ou non des marchandises, signe les traites produites et les fait cautionner dans les conditions règlementaires.

Mais, dès qu'il souscrit des traites au nom d'une société commerciale, tout individu doit y être autorisé par les statuts; et c'est alors la solvabilité de la société qui est appréciée. (*Déc. du 8 janvier 1858.*)

58—244. 4e §. Les intérêts du montant des droits crédités courent, en cas de faillite, du jour de la délivrance de la contrainte jusqu'à parfait payement. (*Jug. du trib. civil de Marseille du 1er juillet 1853; Doc. lith. de 1858, no 198.*)

59—255. Quand il est formé des colis dits d'augmentation, les colis principaux peuvent, en totalité ou partiellement, alors même que quelques-uns d'entre eux seraient réexportés, être soumis aux droits d'entrée avec bénéfice de la tare légale déterminée tout d'abord; mais les colis d'augmentation ne sauraient donner lieu à la même tare qu'autant que toute la partie principale a été livrée à la consommation. A cet effet, le service du bureau où s'opère le transvasement doit, après avoir calculé le montant de la tare légale afférente aux colis primitifs, indiquer, sur les registres, le poids brut de ces colis, le poids brut nouveau des colis principaux et le poids brut des colis d'augmentation, ainsi que le poids de l'emballage de ces derniers colis, afin d'être ultérieurement en mesure, au besoin, de calculer séparément, pour chaque colis, la quotité de la tare légale qui lui est applicable proportionnellement au poids de tous les colis primitifs, sans tenir compte des emballages nouveaux. (*Déc. du 27 décembre* 1858.)

40—257. 1er §. Bien qu'arrivées en vrac de l'étranger, les marchandises taxées au brut sont, en cas de mise en consommation après expédition en transit (*V.* nos 694, 833 T), et afin d'assurer la régularité des écritures, soumises aux droits sur le poids brut, quelle que soit l'origine des emballages dont elles ont été revêtues. (*Déc. du 9 août* 1858.)

41—258. Note 4, p. 365. Les règlements généraux sont appliqués, à l'entrée, en ce qui concerne la tare des marchandises admises temporairement (*V.* no 853 T). Ainsi, pour l'admission temporaire, comme pour l'importation ordinaire, les sacs qui se trouvent dans les conditions rappelées au § 5o (no 258 T) suivent le régime qui leur est propre. En dehors de ces conditions, le service exige, d'après le poids brut, la taxe afférente à la marchandise importée pour la consommation, ou bien laisse les sacs à la libre disposition des intéressés si la marchandise est soit exempte de droits à l'entrée, soit admise temporairement. (*Déc. du 25 novembre* 1858.)

42—265. *Statistique.* Les états mensuels série E nos 38 A et 38 B doivent comprendre les opérations effectuées dans toute la principalité. (*Circ. lith. du 15 mars* 1858.)

P. 373, 9e §. *Ajouter :* en ce qui concerne le transit international, c'est-à-dire que le transport direct de l'étranger à l'étranger, ou d'une frontière à l'autre, doit être signalé (commerce général) par les bureaux d'entrée et de sortie.

Quant aux marchandises qui, arrivées par convois internationaux, sont dirigées sur une douane autre que celle d'entrée, le bureau de destination doit seul les faire figurer sur ses états (commerce général, et, selon le cas, commerce spécial).

L'exportation, sous le régime international, des marchandises françaises de toute nature est constatée (commerce général, commerce spécial) par le bureau qui a délivré les expéditions.

Il en est de même (commerce général) relativement à la réexportation des marchandises étrangères provenant d'entrepôt ou d'admission temporaire. (*Circ. lith. du 1er mars* 1858.)

P. 374, 10e §. Les marchandises exportées sous réserve de prime ne sont reprises, aux états de commerce, que sous la seule dénomination qui leur est propre, en indiquant, dans la colonne des primes, les quantités donnant droit à l'allocation, et, le cas échéant, dans celle des exportations simples, avec le mot *exemptes*, le poids des autres matières. (*Déc. du 25 novembre* 1858.)

45—265. Les receveurs du littoral doivent signaler avec soin, par les états annuels, ceux des ports étrangers avec lesquels la France entretiendrait des relations commerciales plus ou moins suivies et qui ne figureraient pas sur la nomenclature générale. (*Circ. lith. du* 5 *novembre* 1858.)

44—270. *Comptabilité.* 3e §, 10e ligne. *Au mot* triple *substituer celui de* quadruple.

Ajouter à ce § : avec l'inventaire série C, n° 73, en deux expéditions. L'une d'elles est renvoyée, par la Comptabilité générale, au directeur, revêtue de l'accusé de crédit servant de décharge provisoire aux comptables. (*Circ. de la Compt. gén. du* 5 *janvier* 1859, n° 75.)

45—279. 4e §, en note. L'ordonnateur secondaire doit, en temps utile, provoquer, s'il y a lieu, auprès de son administration, la délégation des crédits dont il a besoin, avant le 31 juillet, en ce qui concerne l'exercice de l'année expirée, et il ne néglige rien pour que les mandats qu'il a délivrés par imputation sur cet exercice soit acquittés au plus tard le 31 août, de manière à éviter un ordonnancement ultérieur à titre d'exercice clos. (*Circ. de M. le secrétaire général des finances du* 24 *juin* 1858.)

6e §. *Au* n° 1° *mettre en note :* Le secrétariat général des finances fait parvenir aux directeurs les formules destinées à la formation, en minute et en expédition, du relevé individuel des créances restant à payer au 31 août, document qui doit être adressé au ministère avant le 15 septembre. (*Circ. de M. le secrétaire général des finances du* 24 *juin* 1858.)

46—280. 4e §, en note. Le registre de liquidation, tenu ainsi que l'indique le n° 71 T, doit, à la fin de chaque journée, présenter un total égal à celui de tous les registres de recette, total reporté au livre-journal. *V.* n°° 283 et 284 T. Il faut, à cet effet, dans les bureaux où est ouvert ce registre, *V.* n° 282, y reprendre, à l'expiration de la journée, en bloc par partie de service, le montant des droits exceptionnellement portés sur un registre spécial, série T, n° 6, soit relativement aux bagages des voyageurs sur tous les points de passage, *V.* n° 1922, soit, moyennant certaines réservés, sur les frontières de terre, quant aux objets dits de minuties. *V.* nᵒˢ 282, dernier §, et 2198 T.

47—281. 2ᵉ §. Le receveur subordonné inscrit sur le livre-journal, aux dépenses acquittées pour le compte du receveur principal, le montant des appointements et émoluments acquis aux agents de son bureau, et que le solde en réserve permet de prélever ; cette dépense est ensuite l'objet d'un récépissé de versement à-compte du mois courant, les payements pour le mois de décembre étant d'ailleurs compris dans le versement supplémentaire du même mois. Si le solde en caisse était inférieur au montant des traitements dont il s'agit, le receveur principal aviserait aux moyens de faire payer la somme complémentaire, par exemple, par des fonds de subvention. (*Circ. de la Compt. gén. du 5 janvier* 1859, nᵒ 75.)

3ᵉ §, 4ᵉ ligne. *Rayer les mots :* à partir de la réception des comptes nᵒ 6 du mois de décembre.

Le montant des versements effectués dans le courant d'un mois, par les receveurs subordonnés, à-compte de leurs perceptions, doit être immédiatement repris, par le receveur principal, aux fonds particuliers de divers, recettes à classer. Les versements à-compte, ainsi que les versements complémentaires ou pour solde opérés immédiatement après l'arrêté du dernier jour de la période et portés directement en recette au bureau principal, figurent d'une manière distincte sur les états série C, nᵒˢ 6, 7 et 8.

Lorsqu'il a, le cas échéant, balancé, par une recette aux régularisations sans mouvement de valeur, dès que lui parvient la formule nᵒ 6, le compte des avances faites le mois précédent aux bureaux subordonnés (fonds de subvention), le receveur principal inscrit au livre-journal la totalité des recettes de ces bureaux, en ayant soin de porter, dans la colonne sans mouvement de valeur, le chiffre de la réserve qu'ils ont faite pour subvenir au payement des appointements, etc. (*Lettre de la Compt. gén. du 30 juin* 1858, *et Circ. de la Compt. du 5 janvier* 1859, nᵒ 75.)

Il suit de là que le receveur principal doit opérer ainsi (journal de caisse et bordereau série C, nᵒ 4, du mois de mai, par exemple) :

Recette. Avril. Report du solde en caisse tant au bureau principal que dans les bureaux subordonnés (réserve à la fin de mars pour le payement des appointements, etc., *V.* nᵒˢ 281 et 293 T.)

	Numéraire.	Sans mouvem. de valeur.
. . . .	400 f. 00	151 f. 54 c.
A reporter.	400 f. 00	151 f. 54 c.

	Numéraire.	Sans mouvem. de val
Report.	400 f. 00	151 f. 54 c.
Avril. Recettes à classer. Versements à-compte (en acquits de payement) des receveurs subordonnés............	»	159 64 »
Mai. Régularisation des fonds de subvention fournis en avril, aux receveurs subordonnés.................	»	100 »
Mai. Montant des recettes des bureaux subordonnés pendant le mois d'avril (26 fr. 45 c.)...................	18 38	8 07 »
	418 38	419 22 c.
Dépenses. Avril. Dépenses faites par les receveurs subordonnés pour le compte du receveur principal (à classer selon leur nature)..................	»	159 64
Avril. Avances à régulariser. Fonds de subvention fournis au receveur subordonné de...................	100	»
Mai. Recettes à classer. Application des versements à-compte effectués en avril par les receveurs subordonnés.........	»	159 64
	100 .	319 22

Le receveur principal doit, dans cette hypothèse, avoir en caisse 348 fr. 38 c., tandis que la réserve des receveurs subordonnés n'est que de la somme de 100 fr., montant des fonds de subvention fournis en avril. (*Lettre de la Compt. des 30 juin et 6 juillet 1858.*)

48 —. Afin de contrôler l'exactitude des indications relatives aux versements à-compte, aux réserves et aux fonds de subvention, les inspecteurs divisionnaires doivent, avant d'apposer leur visa sur le bordereau série C, n° 4, et sur les états n⁰ˢ 7 et 8, s'assurer qu'il existe la plus parfaite concordance à ce sujet entre ces documents. (*Circ. de la Compt. gén. du 5 janvier 1859, n° 75.*)

49—289. 2ᵉ §, en note. Les quittances notariées fournies par des créanciers illettrés doivent être enregistrées gratis. (*Déc. min. du 27 avril 1858 ; Circ. de la Compt. gén. du 29 juillet suivant, n° 74.*)

3e §. *Après le mot* subordonné, *mettre :* ou le capitaine de brigades, lorsqu'il effectue matériellement le payement au nom du receveur principal. (*Circ. de la Compt. du 29 juillet 1858, n° 74.*)

50—295. 5e § et 7e §. Lorsqu'ils le jugent convenable, dans l'intérêt du service, les inspecteurs divisionnaires peuvent autoriser les receveurs principaux à remettre, le 30 du mois, aux capitaines, les sommes nécessaires au payement des appointements des brigades; ces comptables en passent alors écriture aux avances. Mais la dépense ne pouvant être régularisée que le mois suivant, au moyen de l'inscription définitive aux frais de régie, le bordereau, n° 4, doit, à l'expiration des onze premiers mois de l'année, présenter, au tableau n° 8, un reste à régulariser, justifié par la production d'un état spécial indiquant les ayants droit et les sommes dues. Les avances de l'espèce et les régularisations doivent d'ailleurs se balancer en fin d'année, à moins de circonstances exceptionnelles dont il serait rendu compte. (*Circ. de la Compt. gén. du 5 janvier 1859, n° 75.*)

51—. 7e §, 7e ligne. *Ajouter :* relatives aux capitaineries de brigades. (*Circ. de la Compt. gén. du 5 janvier 1859, n° 75.*)

Même §. *Ajouter en note :* Les volants extraits du registre série C, n° 83, ne doivent mentionner que les sommes versées à la caisse du receveur principal, en numéraire ou en acquits de dépenses, de sorte qu'en totalisant les récépissés représentés par un receveur subordonné on trouve toujours une somme égale aux dépenses inscrites à son livre-journal, et qu'il suffit de retrancher des recouvrements le montant de ces récépissés pour contrôler, à la fin de chaque mois, le solde en caisse réservé. (*Circ. de la Compt. du 5 janvier 1859, n° 75.*)

11e §, 5e ligne. *Après le mot* écriture, *mettre :* aux avances, sauf régularisation dans le courant du mois. (*Circ. de la Compt. du 5 janvier 1859, n° 75.*).

52—. P. 396, dernier §. *Rayer ce §.* En cas de décès de tout agent, pour justifier du payement des sommes dues, il faut, outre un mandat délivré au nom des héritiers et revêtu d'un acquit relatant les pièces justificatives, produire l'acte de décès légalisé et un certificat de propriété légalisé, V. n° 53 S. (*Circ. de la Compt. gén. du 30 décembre 1826, n° 9; Règlement du 26 janvier 1846 sur la Compt., et Lettre de la Compt. gén. du 8 novembre 1858.*)

P. 397, 1er §, 1re ligne. *Après le mot* décédé, *mettre :* à la nomination des directeurs. 8e *ligne. A partir des mots* pour la veuve, *rayer le reste du*

2

§ en conservant le renvoi. *Ajouter au* § : et Lettre de la Compt. du 8 novembre 1858.

Note du même §. *Au* 1er § *de cette note substituer celui-ci :* Cette tolérance ne saurait s'étendre à des collatéraux revendiquant la succession d'un employé. (*Lettre de la Compt. du 26 octobre* 1858.)

53 —. Les certificats de propriété relatifs à des sommes dues par l'État, à titre de pension, de rémunération ou de secours, sont exempts de l'enregistrement. (*Déc. min. du* 30 *mars* 1858.)

Cette disposition doit profiter aux veuves et héritiers des employés de tous grades, lorsqu'il s'agit de traitements d'activité, d'indemnités de résidence, de secours et même de parts attribuées à ces agents dans les répartitions des amendes et confiscations ou dans le produit du plombage. (*Circ. de la Compt. du* 29 *juillet* 1858, no 74.)

La délivrance des actes nécessaires est d'ailleurs obtenue sans frais lorsque l'état d'indigence des intéressés est notoire. (*Lettre de la Compt. du* 8 *novembre* 1858.)

54—294. 1er §, 5e ligne. *Ajouter :* des traitements et émoluments acquis aux employés du service sédentaire des bureaux subordonnés. (*Circ. de la Compt. gén. du* 5 *janvier* 1859, no 75.)

P. 400, 4e §. *Ajouter : V.* no 65 T et 48 S.

55—296. 2e §. Les directeurs ont, à raison de l'éloignement de certaines localités et des dérangements qui peuvent en résulter, la faculté d'autoriser le receveur principal à n'effectuer de versement que tous les dix jours, alors même que les recettes dépassent 5,000 fr., sauf à augmenter le nombre des versements dans le cas où l'accroissement des excédants leur paraîtrait rendre cette mesure nécessaire. (*Déc. du* 13 *novembre* 1858.)

56—297. 3e §. *Aux lignes* 1 *et* 2 *substituer celles-ci :* Ils sont immédiatement transmis, avec les pièces justificatives, par le directeur à son collègue, afin d'être remis au receveur principal pour le compte duquel le payement ou le recouvrement a été effectué. Les bordereaux de payement sont ensuite adressés, par l'entremise des directeurs et au moyen de lettres spéciales, à la Comptabilité générale. Quant aux bordereaux de recouvrement, ils sont compris dans l'envoi mensuel des pièces de dépenses. (*Circ. de la Compt. gén. des* 29 *août* 1848, no 48, 16 *mars* 1853, no 61, *et* 2 *juillet* 1856, no 74.)

P. 405, 3e §. *Ajouter :* et Circ. de la Compt. gén. du 5 *janvier* 1859, no 75.

57—300. P. 412, note. Le montant des restitutions qui, ordonnées par l'administration sur les produits d'amendes et confiscations, ne peuvent être effectuées à cause de l'absence des ayants droit, n'est pas versé à la caisse des dépôts et consignations; il figure sur le relevé mensuel, série C, n° 80, des sommes restant à payer. (*Circ. de la Compt. gén. du 20 novembre 1850, n° 56.*)

Police des frontières.

58—330. A l'entrée, lorsque les marchandises exemptes de droits doivent être transportées hors de la commune où est situé le bureau d'importation, elles sont accompagnées d'un passavant de circulation.

A la sortie, les marchandises affranchies de tout droit font aussi, dans le rayon, l'objet d'un passavant, à moins qu'on ne les présente directement, pour l'exportation, à un bureau de première ligne plus voisin du lieu d'enlèvement. (*Déc. du 30 janvier 1858.*) V. n° 49 T.

Au 2e § du n° 387, *ajouter* : Doc. lith. de 1858, n° 208.

59—397. L'assistance d'un officier municipal est uniquement requise pour garantir la liberté individuelle des citoyens et assurer l'inviolabilité de leur habitation, nullement pour faire concourir ce fonctionnaire public à la constatation d'un délit de fraude. (*A. de la C. de Douai du 9 février 1858* ; *Doc. lith.* n° 210.)

60—399. Avant-dernier §, en note. Dans le rayon, les détenteurs de marchandises de contrebande sont passibles de l'emprisonnement réglé (suivant la preuve, qui est faite par le ministère public, du nombre des fraudeurs) d'après les art. 44 et suivants de la loi du 28 avril 1816. A défaut de preuve qu'il y a eu concert de trois individus ou plus, la peine est celle indiquée au n° 646, 1er §, T. (*A. de la C. de Douai du 19 janvier 1858* ; *Doc. lith.* n° 209.)

61—411. En cas de poursuite à vue, le détenteur qui a recueilli la fraude est passible des peines légales alors même qu'il aurait détruit le corps du délit, dont les préposés n'auraient plus trouvé que les vestiges. (*A. de la C. de Douai du 9 février 1858* ; *Doc. lith.* n° 210.) V. n° 2495 T, note *a*.

Au n° 413, *ajouter* : V. n° 59 S.

Importations.

62—422. *Rayer.*

Pour tout navire faisant le cabotage, même au lest, le manifeste série M, n° 1 *bis*, visé au départ, est représenté, au port d'arrivée, comme

manifeste d'entrée, indépendamment des expéditions relatives au chargement, s'il en existe. *V.* nᵒˢ 92 et 100 S. (*Circ. du* 30 *nov.* 1858; nᵒ 561.)

Au 2ᵉ § du nᵒ 423, *après le mot* arrivée, *mettre* : pour les navires autres que les caboteurs. (*Circ. du* 30 *novembre* 1858, nᵒ 561.)

63—445. Les expéditions en mutation d'entrepôt (non prohibé ou
prohibé) peuvent être effectuées, pour le compte de l'administration de
la marine, à destination des arsenaux de l'État, à Cherbourg, Brest, Lo-
rient, Rochefort, Toulon. (*Déc. du* 28 *avril* 1858.)

Au 3ᵉ § du nᵒ 483, *ajouter* : Doc. lith. de 1858, nᵒ 207.

64—487. Les déchargements de marchandises de toute origine,
comme les chargements de marchandises de cabotage régulièrement vérifiées par le service sédentaire, peuvent être permis, moyennant les réserves et garanties énoncées aux nᵒˢ 482 et 950 T et sous la surveillance
des brigades, pendant les heures déterminées par les lois des 22 août 1791,
titre 13, art. 9, et 4 germinal an II, titre 6, art. 1ᵉʳ, avant l'ouverture
et après la fermeture des bureaux. *V.* nᵒ 155 T.

Il n'en serait de même à l'exportation qu'autant qu'il ne s'agirait que
de colis désignés sous le nom d'articles de messagerie, embarqués à bord
des paquebots affectés au transport des voyageurs, et que les déclarations
seraient enregistrées par un service de bureau spécialement organisé.
V. nᵒˢ 10 et 93 S.

Mais, dans toute hypothèse, les expéditions nécessaires ne sont délivrées que par le service sédentaire, après l'embarquement définitif,
régulièrement constaté par les brigades. (*Déc. des* 10 *septembre* 1858 *et*
12 *janvier* 1859.)

Pour certains cas spéciaux de navigation, *V.* nᵒ 155 T; et à l'égard
des voyageurs, *V.* nᵒ 1922 T.

65—494, note. Afin de faciliter l'application des dispositions des Cir-
culaires nᵒˢ 1711 et 1973, le service énonce, sur un registre spécial, l'importance des chargements de houille soumis à une vérification complète.
Les employés peuvent alors s'assurer de l'exactitude des déclarations en
se bornant, le cas échéant et après autorisation du chef de la visite, à
comparer les résultats de l'examen sommaire des navires et des cargaisons avec les indications prises lors des voyages précédents. (*Déc. du*
12 *janvier* 1859.)

66—557, note. *Transit international par chemins de fer. A cette
note substituer celle-ci* : Actuellement, la fermeture des waggons est as-
surée au moyen de cadenas fournis par les compagnies et apposés par

les soins de leurs agents. Les clefs restent entre les mains des employés de douane. (*Déc. du 4 mars 1858.*)

Au n° 544 *ajouter :* et Circ. lith. du 17 mars 1858.

67—544. Les factures ou connaissements peuvent être produits en double expédition pour les envois à l'étranger, lorsque les compagnies préfèrent ce mode afin de ne porter sur les relevés série T n° 31 que des indications sommaires. (*Déc. du 23 janvier 1855.*)

68—549. A moins de soupçons graves reposant sur des indications précises de fraude ou d'ordres positifs de l'administration, le service s'abstient de procéder à la visite. Seulement, quand il se trouve dans un convoi des marchandises signalées spécialement par de précédentes contrefaçons, *V.* n° 2084 T, les employés doivent profiter des transbordements demandés ou de toute autre circonstance propre à faciliter une vérification sommaire. (*Déc. du 27 mai 1858.*)

69—563. Lorsque l'accident, cause de la rupture du plombage, se produit à la résidence même des employés des douanes ou à proximité, ce service peut, sur la demande des agents du chemin de fer, pourvoir à l'apposition d'un nouveau plombage. Alors la rupture du plombage ne comporte aucune suite particulière.

Si, au contraire, l'accident a eu lieu à l'intérieur, hors d'une localité où est constitué le service des douanes, on doit se conformer aux dispositions indiquées au n° 563 T.

Il convient donc que les employés requis, dans le rayon des douanes, de replomber des waggons, interrogent les agents du chemin de fer, et, s'il en existe, les préposés d'escorte, et, d'après le résultat de cette information, constatent, sur la formule série T, n° 32, le cas dans lequel se trouve l'accident.

Le certificat de décharge de la douane de destination est, dans la première hypothèse, pur et simple quant à la rupture du plombage ; dans la seconde, sous réserve des droits de l'administration. (*Déc. du 28 septembre 1858.*)

Les contraventions relatives à la rupture du plombage donnent ouverture à une répression graduée de manière à obtenir de la part des compagnies de chemins de fer une action plus fructueuse sur leurs agents. Elles sont signalées à l'administration, 2e division, 1er bureau, par le directeur de l'arrondissement où elles ont été reconnues. (*Déc. du 4 octobre 1858.*)

Il n'est pas nécessaire de joindre à la correspondance ouverte à ce sujet avec l'administration les formules série T, nº 32. (*Déc. du 28 septembre* 1858.)

70—565. A la sortie par convois internationaux, le service de la frontière vise les expéditions relatives aux marchandises françaises ou aux marchandises étrangères en réexportation et y certifie soit le passage à l'étranger des marchandises qui en font l'objet, soit l'embarquement de celles-ci et le départ du navire qui les a reçues. (*Circ. lith. du* 17 *mars* 1858.)

71—576. *Restrictions.* 2º §. *Ajouter* : Pontrieux (*Décret du 28 avril* 1858 ; *Circ.* nº 537), Blaye (*Décret du 23 octobre* 1858 ; *Circ.* nº 558), Halluin, Baisieux. (*Décret du 15 décembre* 1858 ; *Circ.* nº 564.)

72—579, note. 1er §, 3º ligne. *Ajouter* : Le Havre (*Décret du 24 novembre* 1858 ; *Circ. du 8 décembre suivant*, nº 562.)

75—639. 2º §. *Ajouter* : et Lettre de M. le ministre de la justice du 11 novembre 1858. *V.* nº 640 T.

74—647. Les transactions souscrites déterminent la somme à payer par les délinquants, sans faire spécialement mention de la prime de capture, *V.* nº 2272 T, note 1re, p. 669 ; mais, en en référant à l'administration, les directeurs font connaître, s'il y a lieu, que le montant de cette prime sera prélevée sur les sommes stipulées dans l'arrangement. L'approbation de la transaction implique alors autorisation du payement de la prime. (*Circ. du 24 juin* 1824, nº 870.)

Les primes de capture ne figurent jamais au registre série E, nº 71 A, *V.* nº 463 S ; elles sont inscrites au bordereau série C, nº 4, chap. 1er, des opérations de trésorerie, au moment même où les comptables en reçoivent le montant à titre définitif.

Cependant, lorsque ces primes sont imputables, non sur les sommes payées par le prévenu, mais sur le produit de la vente *effective* des marchandises ou des moyens de transport, ce produit, étant constaté par un acte de vente unique, doit être *intégralement* porté en recette, article des contributions et revenus publics. Les receveurs font alors dépense des sommes à déclasser et à transporter, en recette, aux opérations de trésorerie. (*Circ. de la Compt. du 29 juillet* 1858, nº 74). *V.* nº 300 T, p. 412, note.

Entrepôts.

75—674, note. Pour le prélèvement d'échantillons, l'autorisation de la douane ne donne pas ouverture au payement du droit de permis. (*Déc. du 27 janvier 1858.*)

76—684. Le mode de pesage adopté pour l'entrée, par le commerce, doit, en cas de vérification, être suivi à la sortie. *V.* n° 34 S.

Sous aucun prétexte on ne saurait tolérer que des colis pesés un à un à l'entrée le soient en fardeaux à la sortie. (*Déc. du 14 septembre 1858*). *V.* n° 811 T.

77—702, 706. *Rayer* : Rouen (1).

78—755. L'entrepôt fictif ne peut légalement exister que dans les ports où l'entrepôt réel, autorisé par la loi, a été régulièrement constitué. (*Déc. du 31 décembre 1858.*)

P. 603. *Rayer dans la 2e nomenclature, et l'ajouter à la 1re, l'indication relative aux écorces de tilleul.*

79—759. Lorsque les besoins de l'industrie ou de la navigation à vapeur exigent que, sur un point où, un bureau de douane étant déjà constitué de manière à exercer une surveillance propre à prévenir les abus, il n'existe pas d'entrepôt légal, il soit établi un dépôt de houille étrangère, sous les conditions et garanties de l'entrepôt fictif, cette facilité peut être exceptionnellement accordée ; mais c'est au ministre des finances qu'il appartient de statuer à ce sujet, sur les conclusions de l'administration. Les directeurs doivent donc la mettre en mesure de provoquer la décision nécessaire. (*Déc. des 12 mai 1845 et 31 décembre 1858.*)

80—750. Le contrôleur, ou le vérificateur qui le supplée pour les recensements, peut être accompagné d'un emballeur, ou, à défaut, d'un sous-brigadier ou d'un préposé ; mais alors le concours de ces derniers ne donne aucun droit aux officiers dans la répartition du produit des contraventions constatées.

Afin de faciliter les recensements, il importe d'ailleurs d'indiquer successivement avec soin, au répertoire du sommier, les parties de marchandises reconnues à telle époque. (*Déc. du 11 août 1858.*)

---

(1) A raison de la situation résultant des travaux d'endiguement exécutés dans la basse Seine, et les navires partis de Rouen prenant immédiatement la mer dans une même marée, sans stationner pour attendre le flot, ce port est exceptionnellement considéré comme étant situé sur le bord de la mer. Tant que cet état de choses ne se sera pas modifié, le service constatera à Rouen la sortie définitive des marchandises directement expédiées à l'étranger sous réserve de drawback, et des marchandises étrangères en réexportation. (*Déc. min. du 24 juillet 1858, transmise le 30.*)

Transit.

81—848. 2ᵉ §. *Ajouter* : Halluin, Baisieux. (*Décret du 15 décembre 1858 ; Circ.* nᵒ 564.)

Admissions temporaires.

82—856. Les marchandises réintégrées en entrepôt, après fabrication, doivent profiter du bénéfice attaché à la provenance et au mode d'importation de la matière première mise en œuvre. (*Déc. du 4 septembre* 1858.)

83—859. 3ᵉ §. Les passavants délivrés pour la réexportation partielle des produits fabriqués avec des fontes ou des fers doivent être soumis à la formalité du visa en seconde ligne. *V.* nᵒ 847 T. (*Déc. du 27 janvier* 1858.)

84—860. *Ajouter* : ou à l'expiration des délais fixés, si les acquits-à-caution ont été laissés en dépôt au bureau qui a constaté une réexportation partielle. (*Circ. man. du 19 février* 1858.)

85—870, dernier §. On n'admet à la décharge des acquits-à-caution relatifs aux huiles brutes que les huiles réellement épurées, c'est-à-dire qui ont été traitées par l'acide sulfurique ou par d'autres agents chimiques équivalents. (*Déc. du 26 août* 1858.)

Note, p. 671. En cas de mise en consommation, *V.* nᵒ 856 T, les huiles provenant de graines admises temporairement sont soumises au droit d'entrée d'après le poids net. (*Déc. du 17 décembre* 1855). *V.* nᵒ 853 T.

86—871. 5ᵉ §. *Rayer ce* §.

La trituration des graines grasses peut s'effectuer partout. (*Déc. du 9 juin* 1858.)

Quant à la réexportation des huiles qui en proviennent, elle peut s'opérer par un autre point que le bureau d'importation. *V.* 857 T, 2ᵉ §. (*Déc. du 4 juin* 1858.)

87—881. En ce qui concerne les cylindres en cuivre, le graveur doit, entre le bord de la gravure et la circonférence de l'une des bases du cylindre à réexporter, indiquer, au poinçon, son nom, son domicile et un numéro d'ordre.

Le service appose son estampille à côté de cette inscription, et conserve en dépôt une épreuve, sur papier, de chaque gravure.

Le délai de réexportation ou de réintégration en entrepôt peut être de trois mois. (*Déc. min. du 27 février 1858, transmise le 10 mars suivant.*)

Les dispositions relatives aux cylindres à l'état brut sont étendues aux cylindres déjà gravés en France et ayant besoin de réparations ou de corrections, sauf à établir l'origine de la gravure par la représentation des molettes dont elle était la contre-épreuve. (*Même Déc.*)

Quand les déficit au delà de l'allocation légale proviennent évidemment du grattage opéré pour retoucher les anciennes gravures, les directeurs peuvent autoriser l'annulation des engagements souscrits, moyennant le payement du simple droit d'entrée sur le cuivre brut que représentent les différences entre le déchet reconnu et le taux du déchet légal. (*Déc. du 13 avril 1858.*)

88—887, note. On doit indiquer avec soin, dans les acquits-à-caution, la date et les conditions de chaque autorisation ministérielle, notamment la nature et l'espèce des divers produits à réexporter en compensation des matières premières. (*Circ. man. du 19 mars 1858.*)

A aucun titre il ne peut y avoir substitution d'intéressés pour l'accomplissement des obligations souscrites à l'entrée. (*Déc. du 17 mai 1858.*)

89—889, note, dernier §. *Après le mot* clous *mettre* : et rivets. (*Déc. du 19 juillet 1858.*)

Des ouvrages (ancres, courbes, etc.) fabriqués avec des fers ronds, carrés ou plats, peuvent être admis en décharge de fers de l'une de ces espèces. (*Déc. du 5 mars 1858.*)

90—892 à 907 compris. *Rayer, les dispositions temporaires qui ont fait l'objet de ces numéros n'ayant pas été maintenues.*

91—907 bis. *Chanvres bruts, teillés ou en étoupes, destinés à être convertis en cordages et cordes de toute espèce.*

L'importation doit avoir lieu par les bureaux ouverts au transit ou à l'entrée des marchandises taxées à plus de 20 fr. les 100 kil., ou par les ports d'entrepôt réel, sous pavillon français ou sous le pavillon du pays de production (1). (*Décret du 27 octobre 1858, art. 1er et 3 ; Circ. du 4 novembre suivant, n° 559.*)

La réexportation par les douanes précitées ou la réintégration en entrepôt des cordages et cordes en poids égal au poids des chanvres admis

---

(1) Pour l'importation par navires étrangers, la présentation de certificats d'origine n'est pas obligatoire. Le service doit seulement s'assurer que le bâtiment importateur appartient au pays sur le territoire duquel les produits ont été chargés à destination de la France et que le transport a eu lieu directement. (*Circ. du 4 novembre 1858, n° 559.*)

emporairement, doit s'effectuer dans un délai qui ne peut excéder six mois.

Les produits fabriqués, représentés à la sortie, doivent être exclusivement en chanvre (1). Toutefois les cordages ou cordes qui auront été enduits de goudron ou de suif seront également reçus à la décharge des soumissions, sans qu'il y ait à établir aucune déduction pour le poids de ces dernières matières. (*Même Décret, art.* 2.)

Toute soustraction, toute substitution, tout manquant, constatés, donneront ouverture à l'application des pénalités énoncées au n° 851 T. Cependant les déficit reconnus par le service provenir exclusivement de déchets de main-d'œuvre ne seront soumis qu'au payement du simple droit sur la matière brute (2). (*Même Décret, art.* 4.)

Exportations.

P. 696, 1er §. *Rayer* : sulfate de fer.

92—919. Dernier §. *Rayer ce* §. Tout navire faisant le cabotage, même au lest, doit, au départ, être accompagné d'un manifeste série M, n° 1 *bis*, destiné à être représenté au port de destination. *V.* n° 62 S. Les colonnes 2 à 8 de cette formule, qui est délivrée gratuitement, sont remplies, par les capitaines ou par leurs courtiers, d'après les indications des expéditions.

Ce manifeste doit toujours être collationné avec soin, par le service du port de départ, à vue des souches annotées des expéditions. *V.* n° 98 S. (*Circ. du 30 novembre* 1858, n° 561.)

En cas de chargement ou de déchargement dans plusieurs ports, le manifeste est renouvelé dans chaque port intermédiaire, en tenant compte des modifications qu'a subies l'état de la cargaison. (*Même Circ.*) Toutefois, s'il s'agissait d'opérations sans importance par rapport à l'ensemble de la cargaison, on appliquerait, pour les déchargements, *V.* n°s 979 et 980 T, les dispositions énoncées au n° 419 T, et on enregistrerait les déclarations sur l'extrait certifié du manifeste. Quant aux embarquements,

---

(1) Ainsi, dans le cas où le service reconnaîtrait la présence dans les cordages ou cordes d'autres filaments que le chanvre ou des matières étrangères quelconques, il devrait constater la contravention par procès-verbal; mais, si le mélange était seulement douteux, on se bornerait à dresser un acte conservatoire réservant les droits de l'administration, et à prélever des échantillons pour être soumis à l'examen des commissaires-experts du Gouvernement. (*Même Circ.*)

(2) L'administration se réserve de statuer sur ces déficits, à vue des renseignements et des propositions qui lui seront adressés par les directeurs. (*Même Circ.*)

le capitaine aurait la faculté de compléter le manifeste visé au port de départ primitif. *V.* nº 95 S.

Cabotage.

93—950. Pour la *navigation à la vapeur* on peut, lorsqu'il ne saurait en résulter des inconvénients particuliers, tolérer, pendant la nuit, sur un point convenablement éclairé aux frais des intéressés et sous les conditions imposées à l'égard des opérations hors des heures de bureau, *V.* nº 64 S, le débarquement des marchandises de toute nature apportées par les steamers et l'embarquement des marchandises de cabotage vérifiées de jour. Mais, dans toute hypothèse, les expéditions nécessaires ne sont délivrées que par le service sédentaire, après l'embarquement définitif, régulièrement constaté par les brigades et durant les heures légales de travail de bureau. (*Déc. du 10 septembre 1858.*)

94—953. P. 11. *Aux dispositions énoncées aux §§ 4, 5 et 6, substituer celles-ci* : Il a été reconnu que l'obligation d'établir, dans la cale des paquebots, des compartiments distincts et fermés par le plombage, pour les marchandises soumises à des régimes différents, apportait un obstacle absolu à un bon arrimage et pouvait créer des dangers pour la navigation. Aussi, relativement aux navires à vapeur se livrant au cabotage avec escale à l'étranger, les conditions suivantes sont-elles exigées : au départ, en ce qui concerne les marchandises de cabotage, les colis ne doivent renfermer que des marchandises exemptes d'avarie ; les vérifications doivent être effectuées de manière que : 1º le poids, l'espèce et la qualité soient exactement indiqués dans les expéditions ; 2º toutes les marchandises faisant l'objet des déclarations soient intégralement embarquées. Dans les ports d'escale de la Péninsule, il ne doit, sous aucun prétexte, être chargé des produits similaires de ceux pris en France en cabotage. Enfin les capitaines doivent, à destination, représenter des certificats délivrés dans ces ports d'escale par les consuls français, et constatant la nature, l'espèce et les quantités des produits qui y ont été embarqués. (*Déc. du 2 décembre 1858.*)

95—954. *Rayer les trois derniers §.* Pour toutes les marchandises de cabotage, la déclaration est produite en double par le commerce, qui emploie à cet effet la formule série M, nº 28, qu'on lui remet gratuitement. L'une des deux feuilles est destinée à être convertie en acquit-à-caution ou en passavant, selon le cas. *V.* nº 971 T.

L'expéditeur inscrit, sur la déclaration, toutes les indications exigées par les règlements (1), sans ratures ni surcharges ou additions par renvois ou en interlignes ; du moins les modifications de l'espèce que le service jugerait sans inconvénient d'admettre doivent-elles être approuvées tant par lui que par le déclarant.

Le nombre des colis et les quantités de marchandises doivent être écrits en toutes lettres.

Immédiatement au-dessous du dernier article ainsi porté dans la déclaration le receveur des douanes ou l'agent chargé de le suppléer inscrit ces mots : *Arrêté au numéro...* (le numéro en toutes lettres), et il appose sa signature. Il s'assure : 1º que l'on a biffé, selon qu'il y a lieu, les mots *acquit-à-caution* ou *passavant, grains* ou *marchandises*, imprimés en tête de la formule série M, nº 28 ; 2º que le libellé de la déclaration, pour le cas où un acquit-à-caution est nécessaire, contient une soumission régulièrement cautionnée.

Quand la déclaration-expédition concerne des céréales, cet employé biffe le prix du timbre. Dans les autres cas il remplit le coût du timbre, qui est de 75 centimes pour les marchandises sujettes à l'acquit-à-caution et de 5 centimes seulement pour celles qui peuvent être expédiées par passavant. Le prix du timbre n'est d'ailleurs perçu qu'autant que les déclarations sont admises comme régulières.

Après avoir rapproché les deux feuilles de la déclaration pour reconnaître qu'elles sont conformes entre elles, le service l'inscrit sommairement sur un registre série M, nº 24. Afin de mettre à même de suivre avec sûreté la rentrée des acquits-à-caution et de faciliter la formation des états périodiques, il est ouvert un registre distinct de transcription : 1º pour les déclarations relatives aux grains et farines ; 2º pour les autres marchandises assujetties à l'acquit-à-caution ; 3º pour les produits qui s'expédient par simples passavants. Cet enregistrement relate la date de la déclaration, le nom du déclarant, le nom du navire, la destination des produits, le timbre perçu et le nombre de plombs apposés.

Dès que la double déclaration a reçu le numéro d'ordre du registre série M, nº 24, le service délivre, sur celle qui est destinée à servir d'expé-

----

(1) Ainsi, outre les marques et numéros, le nombre et l'espèce des colis, la nature, la qualité et la quantité totale des marchandises (poids, mesure ou nombre), et la valeur, il faut indiquer : 1º pour les grains, le nombre d'hectolitres et le poids commun de l'hectolitre ; 2º pour les boissons, le numéro et la date des expéditions des contributions indirectes, et, s'il s'agit d'alcools, l'espèce et le degré. (*Circ. du 30 novembre* 1858, nº 561.)

dition, le permis d'embarquer ; l'autre reste déposée au bureau, comme souche, pour la suite des écritures et la formation des états statistiques.

Les souches sont enliassées par ordre de numéros et conservées avec soin pour être rapprochées de l'expédition, après renvoi par la douane de destination, et permettre, au besoin, de délivrer des duplicata. (*Circ. du 30 novembre 1858, n° 561.*)

96—956. 1er §. La formule série M, n° 28, revêtue du permis d'embarquer, est provisoirement remise au déclarant pour être par lui présentée à la visite avec les marchandises et être visée par le vérificateur et par les préposés chargés de suivre l'embarquement. (*Circ. du 30 novembre 1858, n° 561.*)

Dernier §. Ajouter : et Circ. du 30 novembre 1858, n° 561.

Le certificat d'embarquement ou de mise à bord ne doit être apposé sur les expéditions, par les préposés, qu'autant que la marchandise a été embarquée réellement et en totalité en leur présence. (*Circ. du 30 novembre 1858, n° 561.*)

97—958. On doit indiquer, dans l'expédition de douane relative à des boissons, le numéro et la date des expéditions de la régie des contributions indirectes dont elles sont accompagnées et qui doivent être annexées à la première jusqu'au bureau de destination. (*Circ. des 23 avril 1851, n° 2433, et 30 novembre 1858, n° 561.*)

98—964. *Ajouter :* et Circ. du 30 novembre 1858, n° 561.

Aussitôt que la déclaration-expédition a été rapportée au bureau par les soins du service, les résultats de la visite sont immédiatement reportés sur le double de la déclaration conservé comme souche, *V.* n° 95 S. (*Circ. du 30 novembre 1858, n° 561.*)

99—965. P. 16, 2e §. *Ajouter :* et les réexportations des ports désignés au n° 702 T. (*Circ. du 30 novembre 1858, n° 561.*)

Aux six derniers mots du n° 971 substituer ceux-ci : V. n° 95 S pour la délivrance des expéditions.

Rayer l'article formant le n° 973. *V.* n° 95 S.

100—981. Le manifeste de sortie, *V.* n° 92 S, doit être représenté à l'arrivée comme manifeste d'entrée, *V.* n° 62 S ; il est inscrit sommairement au registre série M, n° 2, et y prend un numéro d'ordre ou de gros (colonne 1).

Après avoir été apurés, *V.* n° 429 T, les manifestes sont classés avec soin par ordre d'enregistrement, afin que l'on puisse y recourir au besoin. (*Circ. du 30 novembre 1858, n° 561.*)

101—983. 3e §. *Ajouter :* Circ. no 1460, et Circ. du 30 novembre 1858, no 561. (*V.* no 992 T.)

Sur le simple dépôt du manifeste, *V.* no 100 S, les permis de débarquement sont immédiatement délivrés au verso des déclarations ayant servi d'expédition, *V.* no 95 S. Les employés s'assurent que ces expéditions sont dans leur intégrité primitive.

Au fur et à mesure que se présentent les déclarants, le service inscrit sur le manifeste (colonne no 9) le numéro et la date de chaque déclaration en détail. Ce numéro est formé du numéro de gros donné au manifeste et du numéro d'ordre de l'expédition, en séparant les deux chiffres par une barre. Ce même groupe de chiffres est reporté, comme numéro du permis de débarquer, au verso de chaque acquit-à-caution ou passavant, et sert, en outre, de numéro de décharge des acquits-à-caution.

Les colonnes nos 10 et 12 reçoivent la signature des déclarants et l'indication de la valeur des marchandises. La colonne no 11 est destinée à suppléer, s'il en était besoin, à l'insuffisance des désignations du manifeste, colonne 8. Puis sont inscrits les résultats de la visite, le nom du vérificateur et le folio de son portatif, la date de la décharge des acquits-à-caution et du renvoi des expéditions. *V.* no 994 T. Dans la colonne d'observations on relate les différences de poids et d'espèces constatées et les suites qu'elles ont reçues. (*Circ. du* 30 *novembre* 1858, no 561.)

102—984, 5e ligne. *Aux mots* le registre série M, no 14 ou 14 A, *substituer ceux-ci :* le manifeste ou l'extrait de manifeste, *V.* nos 92 et 95 S.

Ajouter : Dans ce cas, on fait suivre des signes *bis, ter, quater,* etc., le groupe de chiffres formant le numéro ordinaire de la déclaration. *V.* no 101 S. (*Circ. du* 30 *novembre* 1858, no 561.)

103—985. Dans le cas où le capitaine qui ne peut représenter d'expéditions de douane a néanmoins régulièrement énoncé une certaine partie de marchandises sur son manifeste, ces marchandises sont traitées comme provenant de l'étranger, sauf à l'administration à exonérer les intéressés du payement des droits quand l'origine nationale est démontrée. Aucune pénalité spéciale ne saurait être imposée. (*Déc. du* 10 *novembre* 1858.)

Mais si le capitaine, ayant effectué une relâche à l'étranger, ne l'a pas déclarée, *V.* no 945 T, 4e §.

104—996. Dès que les expéditions renvoyées au bureau d'où elles sont émanées, *V.* no 43 T, y sont parvenues, l'employé chargé d'en suivre la rentrée les rapproche du double conservé comme souche, s'assure qu'elles n'ont subi aucune altération, *V.* n° 983 T, et certifie de son contrôle au verso de chaque expédition. (*Circ. du* 30 *novembre* 1858, n° 561.)

105—1004, note 2. L'expédition à délivrer est la formule série M, n° 28. *V.* n° 95 S. (*Circ. du* 30 *novembre* 1858, n° 561.)

106—1009, 3e §, avant-dernière ligne, *ajouter :* ni aux réexportations des ports désignés au n° 702 T. (*Circ. du* 30 *novembre* 1858, n° 561.)

Nota. Le tableau inséré sous ce numéro doit être modifié suivant les indications du tableau annexé à la Circ. du 30 novembre 1858, n° 561.

Navigation.

107—1015, 1re ligne. *Après les mots* vendu à l'étranger, *mettre en note :* ou dont l'équipage n'est pas composé conformément aux dispositions rappelées au n° 1014 T, 1er §. (*Déc. du* 25 *septembre* 1858.) Pour l'Algérie, *V.* une exception, n° 1492 T.

108—1025 et **1026**. *Rayer,* les dispositions temporaires qui ont fait l'objet de ces numéros n'ayant pas été maintenues.

109—1055, n° 5°, en note. Sont considérées comme se livrant à la navigation fluviale et affranchies de la francisation les embarcations qui naviguent dans la Seine, soit en amont du Havre ou d'Honfleur, soit entre ces ports et les points situés en rivière, soit entre l'un et l'autre de ces ports. (*Déc. des* 25 *septembre* 1829 *et* 26 *novembre* 1858.)

Au 2e § *du* n° 1069 *ajouter : V.* n° 140 T, 2e §.

110—1082, P. 97. Navires *péruviens* arrivés directement, avec chargement, des ports du Pérou. . . . } assimilés aux navires français. sur lest, de tout port quelconque } (*Décret du* 10 *mai* 1858; *Circ. du* 22, n° 539.)

111 —. P. 100. *Péruviens.* Dans tous les cas où les navires du Pérou sont assimilés aux navires français, *V.* n° 110 S. . . . . . comme les navires français. (*Circ. du* 22 *mai* 1858, n° 539.)

112 —. Note 2, p. 102, 4e §, en note. A l'égard des navires anglais faisant escale et admis à conserver tout ou partie de leur cargaison, *V.* n° 490 T, s'il y a impossibilité matérielle et absolue de déterminer, avec une exactitude suffisante, sans dommage pour les intéressés, les dimensions de plus grande hauteur et de largeur des bâtiments, le service peut, par exception, à moins de doutes sérieux, et tant qu'une circonstance particulière permette de procéder au jaugeage effectif, s'en tenir au tonnage anglais, indiqué par les papiers de bord, sans déduction pour la capacité des rouffes, etc. (*Déc. du 25 mars 1858.*)

113—. Note 62. En ce qui concerne les navires expédiés à destination de la grande pêche, le droit de permis n'est pas dû à l'égard des sels français ou étrangers ; des briques, planches, clous, etc., d'origine nationale, pour la construction ou la réparation des établissements nécessaires aux équipages à Terre-Neuve ; des provisions de bord d'origine nationale ; des effets de marins et des ustensiles de pêche ; des provisions de bord provenant des entrepôts, des dépôts ou de saisies, et particulièrement des tabacs retirés des dépôts, quelle qu'en soit la valeur ; des marchandises de toute espèce, même extraites d'entrepôt, dirigées sur Saint-Pierre et Miquelon.

Au retour des navires expédiés à la grande pêche, le droit de permis n'est pas dû pour les cargaisons de morue de pêche française ; les huiles qui en ont été extraites ; les sels et salaisons de retour ; les restes de provisions de bord dont l'origine nationale est justifiée au moyen d'un permis d'embarquement régularisé ; les restes de provisions de bord provenant des entrepôts de France ; les quantités de maquereaux et autres poissons salés laissées aux équipages ; les marchandises arrivées de Saint-Pierre et Miquelon et accompagnées de certificats d'origine délivrés par la marine.

Quant aux marchandises dont l'origine n'est pas justifiée par un permis d'embarquement régularisé conformément aux règlements, le droit de permis doit être exigé. (*Déc. du 19 octobre 1858.*)

Sels.

114—1344. 1er §, 1re ligne. *Rayer les mots* : du hareng dite d'Yarmouth et celle.

Pour la pêche *dans les parages d'Yarmouth* il peut être embarqué, au maximum, 125 kilogr. de sel par tonneau de jauge. (*Décret du 20 septembre 1858 ; Circ. du 29, n° 552.*) Il est délivré un acquit-à-caution.

115—1361. P. 195. *Après la 3e ligne mettre* : paquage avec dagage, pour l'exportation. (*V.* note 7, p. 194). . . . . 30 kil. (*Décret du 1er octobre 1858 ; Circ. n° 555.*)

Régimes spéciaux.

116—1459. *Marseille*. 1er §, en note. Pour les produits qui, importés par navires français, sont admissibles en exemption de droits, *V.* n° 2 S.

Dernier §. Les produits admissibles en franchise, soit d'une manière absolue, soit seulement à l'importation par navires français, doivent être retranchés de la nomenclature donnée par la Circ. du 27 décembre 1850, n° 2448. (*Déc. du 11 mai* 1858.)

117—1471. *Corse*. Au sujet des produits faisant l'objet des dispositions particulières de la loi, le régime de la Corse ne peut être modifié que par des prescriptions spéciales aussi. (*Déc. du 11 mars* 1858.)

Au n° 1472, rayer : pâtes d'Italie.

P. 244, 4e §, *ajouter :* pâtes d'Italie. (*Décr. du 5 janvier* 1859, *art.* 2.)

118—1476, 3e ligne. *Après le mot* entrepôt, *mettre :* ou des transbordements. (*Déc. du 10 août* 1858.)

119—1491. *Algérie*. 1er §, note. Est prorogée jusqu'au 30 septembre 1859 (*Décr. du 13 octobre* 1858 ; *Circ. du* 14, n° 556) la faculté exceptionnellement accordée aux navires étrangers d'effectuer le transport, entre l'Algérie et la France, des grains, farines, riz, pommes de terre et légumes secs. (*Décr. du 19 septembre* 1855 ; *Circ.* n° 327.)

Rayer le dernier § du n° 1492.

120—1497. 1er §, 6e ligne. *Après le mot* étrangers, *mettre :* ou qui ont été transbordées dans les ports de la métropole d'un navire étranger sur un bâtiment français. (*Déc. du 26 août* 1858.)

121—1506. *Aux trois premières lignes, substituer celles-ci :*

Frontières de terre. Tous les produits originaires du Maroc ou de la Tunisie sont admissibles en Algérie par les frontières de terre. (*Décr. du 11 août* 1853, *art.* 1er ; *Circ.* n° 455.)

Ceux de ces produits qui ne sont pas nommément taxés ou spécialement affranchis de toute taxe (*V.* n° 1507 T) sont soumis aux droits exigibles à l'importation par mer, sous pavillon étranger. (*Déc. du 8 avril* 1858.)

L'importation des produits de toute sorte, originaires et provenant d'autres pays que le Maroc et la Tunisie, est prohibée, sous peine......

122—1507. Dernier §. *Ajouter :* ainsi que les dattes fraîches. (*Déc. min. du 3 février* 1858. *transmise le* 10.)

5

123—1514. Dernier §. *Ajouter :* pâtes alimentaires, poissons marinés à l'huile, eaux de fleurs d'oranger et pâtes à papier. (*Décr. du 16 octobre 1858; Circ. du 25, n° 557.*)

124—1558. *Colonies.* 1er §, 2e ligne. *Après le* n° (1528) *mettre :* ainsi qu'à destination de la Guyane et de Saint-Louis du Sénégal. (*Déc. min. du 17 décembre 1858; Circ. du 29, n° 565.*)

125—1600. Pour l'exportation, en temps de prohibition à la sortie de France, des grains et autres denrées alimentaires, à destination des établissements français, *V.* n° 137 S.

126—1615. P. 302, 3e §, 3e ligne, en note. Les îles Gambier font partie de l'archipel de la Société. (*Déc. du 24 avril 1858.*)

127—1675. *Primes.* A l'égard des tissus de laine et des tissus de coton, on peut admettre, comme réguliers, des certificats d'origine délivrés par les négociants-commissionnaires connus du service, sauf, au besoin, à exiger que leurs signatures soient légalisées. (*Déc. du 23 octobre 1858.*)

128—1684, note. Lorsque, au sujet d'une déclaration relative à une exportation avec prime, les doutes consignés sur la feuille d'échantillon sont émanés des commis du bureau de direction, et si l'avis des commissaires-experts confirme leurs prévisions, ces employés sont traités comme saisissants dans la répartition du produit, sauf exclusion du premier commis assimilé au sous-inspecteur. Le receveur poursuivant, s'il est subordonné, est considéré comme chef (*V.* n°s 2299 et 2304 T). Le directeur doit d'ailleurs annexer à l'état de répartition un certificat relatant les noms, prénoms et grades des ayants droit. (*Déc. du 17 novembre 1858.*)

Par une annotation sur la copie de la décision, jointe au dossier série C, n° 77, le directeur doit faire connaître si l'administration a prescrit la reprise en recette (accidentelle) du produit des contraventions ou si elle a autorisé la répartition de ce produit entre les saisissants. (*Circ. de la Compt. du 29 juillet 1858, n° 74.*)

129—1693. *Sucres.* Dernier §. Tableau de la quotité des drawbacks à appliquer jusqu'au 30 juin 1859. *Aux deux premières lignes relatives aux sucres français substituer ces indications :*

37 fr. 00.	59 fr. 20.	56 fr. 92.
40 00.	64 00.	61 53.

(*Circ. du 30 juin 1858, n° 543.*)

130—1700, note. Comme les tissus enduits de caoutchouc, les tissus de coton recouverts d'un vernis imitant le cuir sont admis au bénéfice de la prime, sous la déduction du poids du vernis. (*Déc. min. du 19 mai 1858, transmise le 27.*)

151—1701. Fils de laine.

			PAR 100 KIL.
			fr. c.
Fils de laine pure, sans mélange de déchets ou autres basses matières. (*Circ. du 12 août 1856, n° 398.*)	Dégraissés.	Communs, de 2 à 4 fr. 50 c. le kilogr., inclusivement.	40 00
		Moyens, de plus de 4 fr. 50 c. à 6 fr. 50 c. le kilogr., inclusivement.	70 00
		Fins, de plus de 6 fr. 50 c. le kilogr.	100 00
	Non dégraissés.	Communs, de 1 fr. 60 c. à 3 fr. 60 c. le kilogr., inclusivement.	32 00
		Moyens, de plus de 3 fr. 60 c. à 5 fr. 20 c. le kilogr., inclusivement.	56 00
		Fins, de plus de 5 fr. 20 c. le kilogr.	80 00
Fils de laine fine et de soie, contenant au moins 85 0/0 de laine.			90 00
Fils de laine fine et de bourre de soie ou d'autres substances, contenant au moins moitié de laine. (*Loi du 26 juillet 1856, art. 7.*)			60 00
Fils de laine et coton seulement, où la laine n'entre pas pour plus de moitié. (*Loi du 28 juin 1833; Déc. min., et Circ. du 12 juin 1856, n° 385.*)			25 00

152—. Tissus de laine (1).

			PAR 100 KIL.
Tissus, feutres, bonneterie et passementerie de pure laine, sans mélange de déchets ou autres basses matières. (*Circul. du 12 août 1856, n° 398.*) (2) (3)	Draps et casimirs, tissus similaires et feutres. (*V. 1701 T, note*)	Communs, de 4 à 9 fr. le kil. inclusivement	70 00
		Moyens, de plus de 9 à 18 fr. le kil. inclusivement	105 00
		Fins, de plus de 18 fr. le kil.	150 00
	Tissus légers.	Communs, de 3 à 8 fr. le kil. inclusivement	60 00
		Moyens, de 8 à 15 fr. le kil. inclusivement	85 00
		Fins, de plus de 15 fr. le kil.	110 00
	Couvertures et molletons. (*V. 1701 T, note*)	Communs, de 2 fr. 50 c. à 6 fr. 50 c. le kil. inclusivement.	45 00
		Moyens, de plus de 6 fr. 50 c. à 10 fr. le kil. inclusivement.	55 00
		Fins, de plus de 10 fr. le kil.	65 00
	Bonneteries orientales (4).	Communs, de 10 à 15 fr. le kil. inclusivement.	120 00
		Moyens, de plus de 15 fr. à 25 fr. le kil. inclusivement.	135 00
		Fins, le plus de 25 fr. le kil.	150 00
	Bonneterie ordinaire (4), tapisserie fine, passementerie et tapis de pure laine.	Communs, de 3 à 8 fr. le kil. inclusivement	55 00
		Fins, de plus de 8 fr. le kil.	100 00

(1) Tout tissu fabriqué dans des conditions autres que celles déterminées par les règlements rappelés ici, c'est-à-dire qui ne rentre pas de tous points dans l'une ou l'autre des classes ainsi fixées, ne peut donner ouverture au drawback. (*Déc. du 27 mars 1858.*) Il en est ainsi, par exemple, à l'égard des tissus de laine mélangés de coton et de soie (prime de 35 fr.), lorsque la laine ne forme pas plus de moitié du mélange. (*Déc. du 3 décembre 1858.*)

(2) Si les tissus de laine, pure ou mélangée, sont brochés ou brodés en soie, V. n° 1702 T.

(3) Les tissus dont la chaîne et la trame sont en pure laine, mais qui ont une bordure dans laquelle entrent des fils de coton ou de soie, sont traités comme tissus de pure laine, mais avec déduction de 5 0/0 pour le poids de la matière composant la bordure. (*Déc. min. du 11 juin 1856; Circ. du 12 août suivant, n° 398.*)

(4) La bonneterie de laine et soie est admissible, pourvu que la laine domine, à

PAR 100 KIL.

			fr. c.
Tissus de laine mélangés d'autres matières. (1) (2)	Mélangés de coton ou de fil, de poil de chèvre ou de chameau, avec ou sans addition de soie, *la laine formant plus de moitié du mélange,* et valant au moins 3 fr. le kil. (3)		55 00
	Mélangés de coton *seulement, la laine ne formant pas plus de moitié du mélange,* et valant au moins 2 fr. 50 c. le kil.		25 00
	Tissus de laine et de soie (4) contenant au moins 75 0/0 de laine		90 00
	Tissus de laine et de bourre de soie (4) contenant au moins 60 0/0 de laine		65 00

				fr. c.
Châles brochés en pure laine (5).	**Avec addition de 50 0/0, le brochage couvrant au moins un quart de la surface du tissu.**	Tissus de pure laine.	Commus, de 3 à 8 fr. le kil. inclusivement	78 00
			Moyens, de 8 à 15 fr. le kil. inclusivement	110 50
			Fins, de plus de 15 fr. le kil.	143 00
		Mélangés de coton ou de fil, de poil de chèvre ou de chameau, avec ou sans addition de soie, la laine formant plus de moitié du mélange, valant au moins 3 fr. le kil.		43 50
		Mélangés de coton seulement, la laine ne formant pas plus de moitié du mélange, et valant au moins 2 fr. 50 c. le kil.		32 50
		Tissus de laine et de soie contenant au moins 75 0/0 de laine		117 00
		Tissus de laine et de bourre de soie contenant au moins 60 0/0 de laine		84 50
	Avec addition de 60 0/0, le brochage s'étendant sur les trois quarts au moins de la surface du tissu.	Tissus de pure laine.	Commus, de 3 à 8 fr. le kil., inclusivement	96 00
			Moyens, de 8 à 15 fr. le kil., inclusivement	136 00
			Fins, de plus de 15 fr. le kil.	176 00
		Mélangés de coton ou de fil, de poil de chèvre ou de chameau, avec ou sans addition de soie, la laine formant plus de moitié du mélange, et valant au moins 3 fr. le kil.		56 00
		Mélangés de coton seulement, la laine ne formant pas plus de moitié du mélange, et valant au moins 2 fr. 50 c. le kil.		40 00
		Tissus de laine et de soie, contenant au moins 75 0/0 de laine		144 00
		Tissus de laine et de bourre de soie, contenant au moins 60 0/0 de laine		104 00

(Loi du 26 juillet 1856, art. 7.)

---

la prime de la bonneterie de pure laine, sous la défalcation du poids de la soie énoncé en la déclaration et contrôlé par l'expertise légale. (*Déc. min. du 23 octobre 1858; Circ. du 23 novembre suivant,* n° 560.) V. n° 1701 T, note.

(1) Voyez note 2, p. 35.

(2) Les tissus mélangés sont : 1° les étoffes fabriquées avec des fils mélangés; 2° celles dont, par exemple, la trame est en laine et la chaîne en soie ou en coton. (*Circ. du 12 août 1858,* n° 398.)

(3) Les tissus mélangés de soie ou des autres matières dénommées à l'article auquel se rattache cette note, dans une proportion qui ne dépasse pas 5 0/0, sont traités comme tissus de pure laine, mais sous déduction de 5 0/0 pour le poids des matières autres que la laine. (*Déc. min. des 26 août 1856 et 15 novembre 1858; Circ. du 23 novembre 1858,* n° 560.)

(4) Ou de soie et bourre de soie. (*Circ. du 12 août 1856,* n° 398.)

(5) Les châles brochés en laine, dans lesquels il entre un peu de soie pour fortifier la

Vêtements confectionnés.................. { Comme les tissus dont ils sont formés, déduction faite des doublures et accessoires en matières ne donnant pas droit à la prime.

(*Même Loi; Décret du 29 octobre 1857; Circ. n° 507.*)

V. les autres dispositions résumées aux n°s 1701 à 1703 et notes.

Rayer le 1er § *du* n° 1702 *et la note* 1re (*V.* n° 132 S.), *et ajouter au* 1er § *du* n° 1703 : et Décret du 29 octobre 1857; Circ. n° 507.

153—1710. L'article 6 de la loi du 11 juin 1845 n'est pas appliqué à l'égard de chaque barre de savon dit marbré, toutes les fois que, par le rapprochement des barres représentées, le service reconnaît qu'elles proviennent d'un pain régulièrement estampillé. (*Déc. du 19 février 1858.*)

154—1718. *Rayer, la prime ayant été supprimée par décret du 5 janvier 1859.*

P. 340. Après le 3e § *du* n° 1720, *mettre :* Sont admis au bénéfice du drawback, après avoir été apprêtés en France, les chapeaux dits *Panama* qui, à l'entrée, ont été soumis au droit de 1 fr. 25 c. (*Déc. min. du 15 avril 1858, transmise le 19.*)

155—1721, 7e §. La navigation de cabotage entre la France et l'Algérie, avec escale à l'étranger (*V.* n° 953, p. 11), pourrait, en droit strict, faire perdre aux navires à vapeur le bénéfice de la prime accordée à l'égard des machines placées à bord sous la condition qu'ils resteront exclusivement employés à une *navigation internationale et de concurrence;* mais cette mesure ne saurait être adoptée qu'autant que le cabotage constituerait la partie importante des transports. (*Déc. du 29 novembre 1858.*)

P. 359, 6e §, *avant-dernière ligne. Au lieu de* la Comptabilité générale, *mettre :* des directeurs. *V.* r° 297 T.

156—1774, en note. *Grains.* Jusqu'au 30 septembre 1859 (*Décr. du 30 septembre 1858; Circ. n° 553*), les dispositions suivantes seront applicables exceptionnellement (*Circ. man. des 30 novembre et 10 décembre 1858*) :

1° Suppression des surtaxes de navigation sur les grains et farines importés par navires étrangers;

---

chaîne et un peu de coton pour le liage des galeries, sont assimilés aux tissus légers, sous déduction du poids de la soie et du coton, qui, généralement, ne dépasse pas 15 0/0, et avec addition de 30 ou de 60 0/0 pour le brochage, selon son étendue. (*Déc. min. du 6 septembre 1856, transmise le 13.*)

2º Abaissement des taxes d'entrée sur ces denrées au minimum fixé par la loi du 15 avril 1832;

3º Réduction à 25 c. par 100 kil. des droits sur les riz, légumes secs et gruaux (*Décr. du 8 septembre* 1855; *Circ. du 20, n*º 317);

4º Réduction à 25 c. par 100 kil. des droits sur les marrons et les châtaignes, ainsi que sur leurs farines (*Décr. du 13 octobre* 1855; *Circ. du 16, n*º 324);

5º Exemption proportionnelle du droit de tonnage sur les navires étrangers qui arriveront chargés de grains, farines, riz, légumes secs, gruaux et pommes de terre. (*Décr. du 8 septembre* 1855; *Circ. du 20, n*º 317.) *V. n*º 1777, note.

157—1785. Les grains et autres denrées alimentaires peuvent, même en temps de prohibition à la sortie de France, être exportés, sous la garantie d'un acquit-à-caution, à destination de la Martinique, de la Guadeloupe, de la Guyane, de la Réunion et de Saint-Louis du Sénégal. *V. n*ºˢ 1538 et 1571 T. (*Déc. min. des 27 septembre* 1828 *et 17 décembre* 1858; *Circ. n*ºˢ 1124 *de* 1828 *et* 565 *de* 1858.)

Cette exception ne s'étendrait aux autres établissements français, tels que Gorée, etc., que dans les cas où il y aurait nécessité de déroger momentanément à la prohibition, par voies de décisions spéciales, en vertu des dispositions rappelés au nº 1613 T. (*Circ. du 29 décembre* 1858, nº 565.)

Pour l'Algérie, *V.* nº 1508 T.

158—1820. *Intérieur.* Les détenteurs de la fraude en sont responsables, aux termes de l'art. 43 de la loi du 21 avril 1818 (*V.* nº 1815 T), par le seul fait matériel de la détention, sans qu'aucune autre preuve de cette culpabilité soit exigée ou nécessaire. A la vérité, la présomption ainsi créée n'est pas une présomption *juris et de jure;* elle est susceptible d'être détruite par une preuve contraire. (*Jug. du trib. correct. d'Altkirch du 4 mai* 1858; *Doc. lith.* nº 213.)

159—1845. *Traités. Espagne.* Dans le cas où, en vertu de l'art. 16 de la convention de 1786, un fraudeur français serait, pour un délit commis en Espagne, livré à l'autorité française par l'autorité de la Péninsule, les tribunaux auraient, sur la réquisition de la douane, pour les réparations civiles, et du ministère public, quant à la peine de prison, s'il y avait lieu, à prononcer les condamnations déterminées par les lois françaises à l'égard du délit identique. (*Déc. du 22 avril* 1858.)

140—1866. *Belgique.* Note 1. p. 111, 1ᵉʳ §, 1ʳᵉ ligne. *Ajouter:* ainsi que les sacs neufs, en toile belge, vides ou renfermant des marchandises. (*Déc. min. du 13 novembre 1858, transmise le 29.*)

2e §. *Rayer.*

141—1893 *bis. Pérou.* Pour les taxes de navigation applicables aux navires péruviens, *V.* nos 110 et 111 S.

142—1897. *Grand-Duché de Bade.* Les certificats d'origine doivent être délivrés par les bailliages dans le rayon desquels les livres, etc., ont été publiés. (*Déc. du 9 juin 1858.*)

143—1925. *Voyageurs.* Dans le cas prévu aux §§ 1 et 2, on ne procède à la saisie qu'autant que les marchandises non déclarées en temps utile offrent une certaine importance ou que le service est intéressé à agir ainsi. (*Déc. du 23 juin 1858.*)

144—1926, 2e §. *Ajouter :* mais, dès que les objets retenus ont été inscrits au registre des minuties, l'autorisation préalable de l'administration est nécessaire. *V.* no 158 S. (*Déc. du 13 novembre 1858.*)

145—1928. Quand ils ne doivent que traverser la France, et s'ils désirent ne pas acquitter les droits d'entrée (*V.* nos 1929 et 1930 T), à l'égard des objets autres que les habillements et le linge de corps qui, portant des traces évidentes de service, sont laissés en franchise à leur disposition (*V.* no 1928 T), les voyageurs ont à en garantir la réexportation, soit sous les conditions ordinaires du transit (*V.* no 842 T), soit, si les objets n'ont qu'une faible importance, moyennant la consignation, selon qu'ils sont ou non prohibés, de la valeur ou des droits (*V.* no 791 T).

Les livres, gravures ou photographies ne peuvent être admis au transit que par les bureaux désignés à cet effet au no 2077. Cependant, lorsqu'il s'agit d'un petit nombre d'objets dépareillés et ayant le caractère d'objets de collection, l'administration ne se refuse pas, exceptionnellement, à en autoriser le transit par d'autres points. (*Déc. du 31 mars 1858.*)

146—1947. *Retours.* 2e §, 4e ligne. *Après le mot identité, mettre en note :* Lorsque les sacs exportés avec réserve de retour ont déjà été revêtus de l'estampille de la douane, cette marque n'est renouvelée, en cas de nouveaux envois à l'étranger, qu'autant qu'elle n'est plus assez visible pour établir d'une manière certaine l'origine française des sacs. (*Déc. du 7 mai 1858.*)

147—2011. *Police sanitaire.* Les taxes sanitaires, exigibles dès l'arrivée des navires, doivent être acquittées dans le délai déterminé pour les droits de navigation. *V.* no 1082 T, note 2. En cas de non-payement, le receveur des droits sanitaires est tenu d'en assurer le recouvrement par les voies de poursuites ci-après définies. (*Arrêté de 1858 des départements du commerce et des finances, art. 1er.*)

Ces taxes sont payées par les capitaines ; les propriétaires des navires sont civilement responsables du non-payement. (*Art. 2.*)

Après une sommation adressée sans frais, et à moins qu'il ne soit préférable de se conformer aux dispositions de l'art. 6 suivant, la poursuite portant commandement de payer les taxes en retard est décernée par le receveur sanitaire, déclarée immédiatement exécutoire par le juge de paix du canton, et notifiée par un huissier porteur de contrainte. (*Art. 3.*)

Le commandement non suivi de payement après un intervalle de trois jours entraîne la saisie mobilière et même immobilière, jusqu'à concurrence de la valeur des sommes à recouvrer. Les redevables sont soumis à la contrainte par corps, en exécution de l'art. 11 de la loi du 17 avril 1832. (*Art. 4.*)

Les frais de poursuites et de contrainte sont à la charge des redevables qui en ont encouru l'application ; la mainlevée de ces poursuites n'a lieu qu'après l'acquittement des taxes et des frais. (*Art. 5.*)

A défaut de payement (1), il peut d'ailleurs être fait opposition entre les mains du receveur des douanes à l'expédition et même à la mise en charge. Cette opposition sera levée de plein droit par la production de la quittance des taxes sanitaires. (*Art. 6.*)

La décharge du receveur des droits sanitaires est garantie par la production d'un état dressé avant l'expiration de la seconde année, présentant la quotité des taxes à recouvrer et les motifs du non-recouvrement. (*Art. 7.*)

P. 481, note 2. *Ajouter* : et Circ. de la Compt. du 29 juillet 1858, n° 74.

148—2036. Dernier §. *Morues.* Les états de retour de la pêche ne doivent comprendre, quant à l'antérieur, que les produits de la campagne pour laquelle ils sont fournis. (*Déc. du 27 juillet 1858.*)

149—2057. *Armes.* Note, 3e §. *Aux six premiers mots substituer*

---

(1) A vue d'un relevé formé par le receveur sanitaire pour indiquer les navires qui n'ont pas acquitté les taxes, le receveur des douanes devra transmettre à la direction de la santé les renseignements de nature à faciliter le recouvrement des droits dus. Ces renseignements mentionneront surtout : 1° les motifs qui font supposer que la réalisation des droits peut traîner en longueur ; 2° les noms et résidences des propriétaires des navires, qui, en l'absence du capitaine, leur représentant naturel, pourraient être légalement mis en cause. (*Déc. du 1er juin 1858.*)

ceux-ci : mais lorsqu'ils ont une longueur de 150 millimètres ou moins. (*Circ. du 13 août 1858*, n° 545.)

150—2068, *note* 3. Sont considérées comme capsules pour armes de guerre les capsules dont le tronc de cône a 0^m. 0059 de diamètre à l'entrée. (*Déc. du min. de la guerre du 13 juillet 1858, transmise le 22.*)

151—2072. *Librairie.* L'introduction en France d'une brochure politique défendue constitue le délit prévu par les art. 11 et suivants de la loi du 28 avril 1816. *V.* n° 640 T. (*Jug. du trib. correct. de Sedan du 15 novembre 1853; Doc. lith. de 1858*, n° 199.)

152—2077. Note 2, 1er §., *Ajouter* : * Culoz. (*Décret du 2 août 1858; Circ.* n° 546.)

153—2090, note, p. 521 ; **2091**, en note. La réserve de retour n'est pas obligatoire à l'égard des expéditions pour l'Algérie, d'où les *ouvrages d'or et d'argent* peuvent rentrer en France, en exemption de tous droits, lorsque l'exportation à destination de cette colonie est authentiquement justifiée et que le bureau de garantie a reconnu et certifié qu'ils sont revêtus du poinçon légal en usage. (*Déc. du 8 mai 1858.*)

154—2095. *Boissons. Ajouter* : pour les conditions du transit, *V.* n° 846 T. p. 654 et 655.

155—2141. Les *poudres* abandonnées par écrit, et ainsi devenues la propriété de l'État, sont immédiatement livrées aux arsenaux, sous la seule condition que le service des poudres et salpêtres payera les frais de transport du lieu de dépôt à la poudrerie et délivrera un reçu authentique pour la décharge du receveur des douanes. (*Déc. min. du 12 août 1858, transmise le 28.*)

P. 553, 2e §. *Ajouter* : et Circ. du 8 mars 1858; Doc. lith. n° 211.

Contentieux.

156—2187, note *i*. Un procès-verbal n'est pas nul pour n'avoir pas été signé par l'officier municipal qui a assisté à la visite à domicile. *V.* n° 59 S. (*A. de la C. de Douai du 9 février 1858; Doc. lith.* n° 210.)

P. 582, 9e §. *Ajouter* : et Circ. du 30 novembre 1858, n° 561.

157—2195, note *a*. Dernier §, 1re ligne. *Au lieu de* 2 fr. (droit d'enregistrement pour caution), *mettre* 1 fr. *Ajouter* : et Déc. du directeur général de l'enregistrement et des domaines du 20 mars 1854; Doc. lith. de 1858, n° 200.

P. 589, note *b*, 1er §. *Ajouter* : et A. de la C. de Douai du 9 février 1858; Doc. lith. n° 210.

158—2198. P. 595. S'il appartient aux chefs locaux d'apprécier, séance tenante et avant toute écriture officielle, les circonstances à raison desquelles il peut y avoir lieu, en fait de minuties, de ne pas recourir aux suites de droit, *V.* nᵒ 10 S, ils ne sauraient conserver cette latitude du moment qu'une affaire a pris un caractère contentieux par l'effet soit de la rédaction d'un procès-verbal de saisie, *V.* nᵒ 2482 T, soit de l'inscription au registre des minuties. Toute annulation ou radiation à ce registre, même sous payement, à titre d'amende, d'une somme égale à la valeur des objets retenus et du montant des droits, doit être le résultat d'une autorisation de l'administration, rappelée en marge de l'inscription. (*Déc. du 13 novembre 1858.*)

159—2221. L'appel n'est pas suspensif quant à l'exécution des jugements préparatoires. *V.* 2236 T. [*Jug. du trib. corr. du départ. de la Seine du 14 septembre 1858.*)

P. 617, 8ᵉ §. *Ajouter* : et A. de la C. de Douai du 4 avril 1854; Doc. lith. de 1858, nᵒ 201.

160—2242. Dernier §, en note. Les mineurs âgés de moins de seize ans doivent être condamnés à l'amende intégrale. *Sous ce rapport,* l'article 69 du Code pénal ne leur est pas applicable. (*A. de la C. de Metz du 27 décembre 1854; Doc. lith. de 1858, nᵒ 202.*)

161—2255. Avant-dernier §. La partie condamnée doit acquitter cumulativement et le droit de port spécial au degré de juridiction devant lequel elle succombe en dernier ressort et les droits fixés pour les précédents degrés de juridiction. (*Lettre de M. le directeur général des postes du 12 octobre 1858, et Déc. du 22.*)

P. 655, 6ᵉ §. *Ajouter* : Doc. lith. de 1858, nᵒ 204.

162—2276. 1ᵉʳ §. *Ajouter* : et Doc. lith. de 1858, nᵒ 203.

3ᵉ §. *Ajouter* : et Déc. du directeur général de l'enregistrement et des domaines du 20 mars 1854; Doc. lith. de 1858, nᵒ 200.

N'est sujette ni au timbre ni à l'enregistrement la soumission relative aux suites contentieuses d'une contravention au régime de l'acquit-à-caution et dont les effets peuvent être assurés par la voie de la contrainte. *V.* nᵒ 2282. (*Déc. de la Compt. gén. du 30 novembre 1858.*)

163—2279. En recevant la notification de la décision définitive, les receveurs principaux doivent immédiatement prendre en charge, au registre des droits constatés, série E, nᵒ 71 A, le montant des condamnations exigibles sous le titre d'amendes et de doubles droits, ou qui doivent tenir lieu de la valeur des marchandises et des moyens de transport saisissables. (*Circ. de la Compt. du 29 juillet* 1858, n° 74.) Pour les primes de capture, *V.* n° 74 S.

164—2287. 3e §. La caution d'un débiteur de droits failli, qui a obtenu, dans les conditions de l'art. 444 du Code de Commerce, la continuation des termes pour le payement des obligations qu'il a garanties solidairement, n'est plus habile à réclamer l'imputation sur sa dette des recouvrements opérés sur la *masse* avant l'échange du terme de ses obligations propres. (*Jug. du trib. civil de Marseille du* 1er *juillet* 1853; *Doc. lith. de* 1858, n° 198.) *V.* n°ˢ 52 et 244 T.

165—2293. 1ᵉʳ §. *Ajouter* : Doc. lith. de 1858, n° 205.

Le dossier relatif à la non-régularisation d'un permis de réexportation prend la date de cette expédition (*Circ. man. du* 10 *mai* 1858), alors même que le bureau d'expédition et celui de sortie dépendent d'une seule direction. (*Déc. du* 1ᵉʳ *juin* 1858.)

Lorsque, dans les affaires connexes, il s'est produit une fausse déclaration au bureau de sortie, les propositions concertées entre les deux directions et présentées par le chef de la direction de départ doivent déterminer la part afférente: 1° à la fausse déclaration constatée à la sortie; 2° au défaut de rapport en temps utile du certificat de décharge de l'acquit-à-caution. (*Circ. lith. du* 20 *décembre* 1858.) *V.* n° 2322.

166—2303, 4e §. En cas de saisie avec le concours des préposés, les officiers de brigades ont droit au partage du produit s'ils ont surveillé le service exécuté par les préposés sous leurs ordres; ils n'ont rien à prétendre quand les préposés ont agi en dehors de leur contrôle direct.

Ainsi, dans le cas où, des préposés étant détachés à la visite, la saisie est exclusivement le résultat de recherches effectuées, sous la direction du vérificateur, dans les bagages des voyageurs, les officiers n'ont pas à participer à la répartition. En effet, les agents de brigades qui coopèrent à ces recherches remplissent les fonctions d'emballeurs et sont momentanément distraits de la surveillance de leurs chefs naturels. Il s'agit là d'une saisie de bureau.

Mais, dans les gares de chemins de fer, les préposés sont le plus souvent chargés de dénombrer les colis à la sortie du waggon, d'en assurer la présentation à la visite et de s'opposer, par une surveillance générale, à tout enlèvement avant l'accomplissement des formalités légales. Or, dans de telles conditions, si les préposés déjouent une tentative de soustraction de colis ou de partie de colis, l'infraction constatée, même en l'absence des officiers, donne à ceux-ci le droit de figurer comme chefs, dans la répartition. (*Déc. du 22 décembre* 1858.)

167—2323. L'employé qui, chargé de ce contrôle, a signalé le défaut de rentrée des acquits-à-caution, doit participer à la répartition. Dans le cas où un autre agent serait appelé à délivrer un avertissement aux soumissionnaires en retard et à s'assurer, avant classement, de la régularité des apurements effectués, on l'admettrait aussi au partage. (*Déc. du 24 février* 1858.)

168—2328. 5ᵉ §. Les recensements des ateliers de salaisons constituent des opérations de bureau. Il suit de là : 1° que le sous-officier qui, à raison de circonstances exceptionnelles, serait appelé à suppléer un vérificateur pour procéder à un recensement avec le concours d'un préposé, serait rétribué de la part dévolue d'ordinaire à l'agent du service sédentaire; 2° que la présence du préposé ne peut, dans aucun cas, conférer des droits aux chefs de la brigade. (*Déc. du 2 septembre* 1858.)

FIN DU PREMIER SUPPLÉMENT.

Paris. — Imprimerie LE NORMANT, rue de Seine, 10.